Ukulele Chord Songbook

Peter, Paul & Mary

Cover photo courtesy of Wikimedia Commons

ISBN 978-1-4803-5342-8

Visit Hal Leonard Online at
www.halleonard.com

Contact us:
Hal Leonard
7777 West Bluemound Road
Milwaukee, WI 53213
Email: info@halleonard.com

In Europe, contact:
Hal Leonard Europe Limited
42 Wigmore Street
Marylebone, London, W1U 2RN
Email: info@halleonardeurope.com

In Australia, contact:
Hal Leonard Australia Pty. Ltd.
4 Lentara Court
Cheltenham, Victoria, 3192 Australia
Email: info@halleonard.com.au

Contents

A Soalin'

Traditional
Arranged by Paul Stookey,
Elena Mezzetti and Tracy Batteast

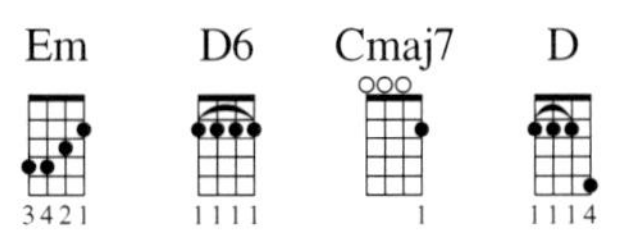

Intro

|: Em D6 Cmaj7 | Em D6 Em |
| D6 Cmaj7 | Em D Em :|

Verse 1

Em D6 Cmaj7
Hey ho, nobody home

Em D6 Em
Meat nor drink nor money have I none

D6 Cmaj7
Yet shall we be merry,

Em D Em
Hey ho, nobody home

D6 Cmaj7
Meat nor drink nor money have I none

Em D6 Em
Yet shall we be merry,

D6 Cmaj7
Hey ho, nobody home,

Em D Em
Hey ho, nobody home

```
Interlude          | Em  D6  Cmaj7  | Em    D6   Em    |
                   |     D6  Cmaj7  | Em    D    Em    |

                   Em    D6     Cmaj7
Chorus 1           Soal, a soal, a soal cake

                   Em           D6        Em
                   Please good missus, a soal cake.

                             D6      Cmaj7
                   Apple, a pear, a plum, a cherry,

                   Em        D6      Em
                   Any good thing to make us all merry.

                            D6    Cmaj7
                   One for Peter, two for Paul,

                   Em       D          Em             D6 Cmaj7 Em D Em
                   Three for Him who made us all.

                       Em       D6     Cmaj7
Verse 2            God bless the master of this house

                           Em       D6       Em
                   And the mistress ____ al - so

                              D6  Cmaj7
                   And all the little children

                        Em          D     Em
                   That 'round your table grow.

                              D6      Cmaj7
                   The cattle in your stable,

                       Em     D6         Em
                   The dog by your front door.

                               D6             Cmaj7
                   And all that dwells with - in your gates,

                      Em       D         Em
                   We wish you ten times ____ more.
```

Chorus 2 *Repeat Chorus 1*

Verse 3

Em D6 Cmaj7
Go down in - to the cellar

Em D6 Em
And see what you can find

D6 Cmaj7
If the barrels are not empty,

Em D Em
We hope you will be kind.

D6 Cmaj7
We hope you will be kind

Em D6 Em
With your apple and your straw - berry

D6 Cmaj7
For we'll come no more a-soalin'

Em Em
Till this time next year.

Chorus 3

Repeat Chorus 1

Verse 4

Em D6 Cmaj7
The streets are very dirty,

Em D6 Em
My shoes are very thin.

D6 Cmaj7
I have a little pocket

Em D Em
To put a penny in.

D6 Cmaj7
If you haven't got a penny,

Em D6 Em
A ha' pen - ny will do.

D6 Cmaj7
If you haven't got a ha' penny

Em D Em
Then God bless you.

Chorus 4

```
Em   D6    Cmaj7
Soal, a soal, a soal cake

Em          D6        Em
Please good missus, a soal cake.

          D6       Cmaj7
Apple, a pear, a plum, a cherry,

Em         D6      Em
Any good thing to make us all merry.

          D6     Cmaj7
One for Peter, two for Paul,

Em         D           Em
Three for Him who made us all.
```

Verse 5

```
     Em   D6          Cmaj7
Now to the Lord sing praises

   Em          D6     Em
All you with - in this place.

                D6         Cmaj7
And with true love and brotherhood

     Em    D           Em
Each other now em - brace.

           D6      Cmaj7
This holy tide of Christmas

   Em     D6     Em
Of beauty and of grace.

    D6          Cmaj7       Em
Oh, tidings of comfort and joy.
```

All My Trials

Traditional Spiritual
Adapted and Arranged by Peter Yarrow, Paul Stookey and Milton Okun

Melody:

All ___ my tri - als, Lord, ___

C Em Am Dm G7 Gm F G5

3 | 3421 | 2 | 231 | 213 | 231 | 2 1 | 13

Intro ‖: C | :‖

Chorus 1

C Em Am Dm
All ______ my trials, Lord,

G7 C
Soon be over.

Verse 1

C Gm
I had a little book was given to me

C Em F
And ev'ry page ___ spelled liber - ty!

Chorus 2 *Repeat Chorus 1*

Verse 2

C Gm
If a re - ligion were a thing that money could buy

C Em F
The rich would live ___ and the poor would die!

Chorus 3

Repeat Chorus 1

Bridge 1

C G5
Too late my brothers, too late,

F
But never mind.

Chorus 4

Repeat Chorus 1

Verse 3

C Gm
There is a tree in Para - dise,

C Em F
The pilgrims call it ___ the tree of life.

Chorus 5

Repeat Chorus 1

Bridge 2

Repeat Bridge 1

Outro-Chorus

C Em Am Dm
‖: All ______ my trials, Lord,

G7 C
Soon be over. :‖

All Through the Night

Traditional
Adapted and Arranged by Peter Yarrow,
Paul Stookey and Mary Travers

Melody:

Sleep my child and peace at-tend thee,

G Gsus4 Em A D C Bm Am G6 D7

132 134 3421 21 234 3 3111 1 1 2 1 2

Intro | G Gsus4 G | Gsus4 G |

Verse 1

G Em A D
Sleep my child and peace at - tend thee,

C D G Gsus4 G
All through the night.

Verse 2

G Em A D
Guardian angels God will send thee,

C D G Gsus4 G
All through the night.

Bridge 1

C Bm Am Bm Am
Soft the drow - sy hours

Bm Am Bm
Are creep - ing

Am Bm Am
Hill and dale in

G6 D7
Slumber sleeping.

Verse 3

```
G    Em          A          D
I, my loved one, watch am keeping,
C  D           G
All through the night.
```

Interlude

```
| G   Em   | A   D   | C   D   | G        |
```

Verse 4

```
G      Em        A    D
Angels watching ever 'round thee,
C  D           G      Gsus4  G
All through the night.
```

Verse 5

```
G     Em        A          D
In thy slumbers close sur - round thee
C  D           G      Gsus4  G  Gsus4  G
All through the night.
```

Bridge 2 — *Repeat Bridge 1*

Outro — *Repeat Verse 3*

And When I Die

Words and Music by
Laura Nyro

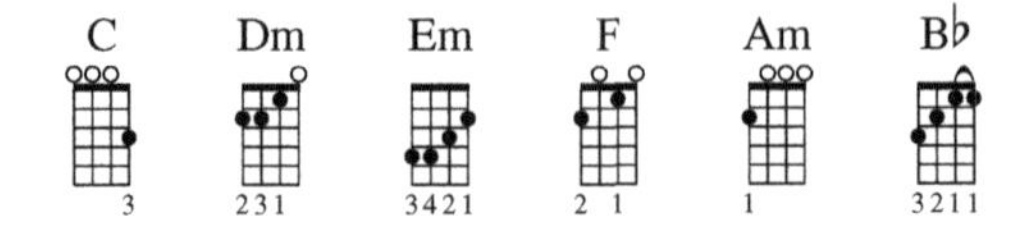

Chorus 1

```
N.C.            C  Dm  Em
And when I die

              F          Em     Am
And when I'm dead, dead ___ and gone

          C   Dm     F
There'll be one child born

       C        Dm  F
And a world to carry on

          C   Dm     Em
There'll be one child born

  F     C Dm Em F C Dm Em F
To carry on.
```

Verse 1

```
    C  Dm       Em
I'm not scared of dy - in',

F   C    Dm  Em
And I  don't really care.

F   Dm      Em   F
If it's peace you find in dyin',

Am     Bb   F    C
Well, then let the time be near.

   Em          Am
If it's peace you find in dyin'

    F        Dm
When dyin' time is here,

   C     Dm  Em
Just bundle up my coffin

F      C  F      C  Dm C Dm C
'Cause it's cold way down there.
```

Chorus 2

```
N.C.     Em  Am         F
And when I die ____ and when I'm gone

          C    Dm Em
There'll be  one child born

F   C      Dm  Em
And a world to carry on

F         C   Dm  Em
There'll be one child born

  F   C F C F
To carry on.
```

Verse 2

```
   C     Dm     Em
My trou - bles are many

F          C      Dm Em
They're as  deep as a  well.

F    Dm         Em     F
I can swear there ain't no heaven

Am  Bb          F      C
But I pray there ain't no hell.

Em                   Am
Swear there ain't no heaven

F                  Dm
Pray there ain't no hell.

      C      Dm     Em
But I'll never know by livin'

F       C    F     C
Only my  dy - in' will tell.

     F        C       F     C
That only my ___ dy - in' will tell.
```

Chorus 3

```
            Em  Am                F
And when I die ____ and when I'm gone

           C     Dm  Em
There'll be  one child born

F    C        Dm  Em
And a world to carry on

F          C   Dm  Em
There'll be one child born

   F    C F C F
To carry on.
```

Verse 3

```
C   Dm    Em
Give me my freedom

F      C      Dm C  F
For as   long as I  be.

Dm Em    F
All I  ask of livin'

Am  B♭      F          C
Is to  have no chains on me.

Em          Am
All I ask of livin'

    F                    Dm
Is to have no chains on me.

    C   Dm   C       F
And all I ask of dyin' is to

C    F      C
   Go nat'ral - ly.

 F           C   F      C
I only wanna   go nat'ral - ly.
```

Chorus 4

```
            Em              Am              F
And when I die (And when I die) and when I'm gone

            C    Dm  C
There'll be   one child born

F    C        Dm  C
And a world to carry on

F           C   Dm  C     F
There'll be one child born ___ to carry.

C          Dm C
Comin' as I    go

F    C        Dm  C
And a world to carry on.

F           C  Dm  Em    F   C/G
There'll be one child born to carry on.
```

Autumn to May

Words and Music by
Peter Yarrow and Paul Stookey

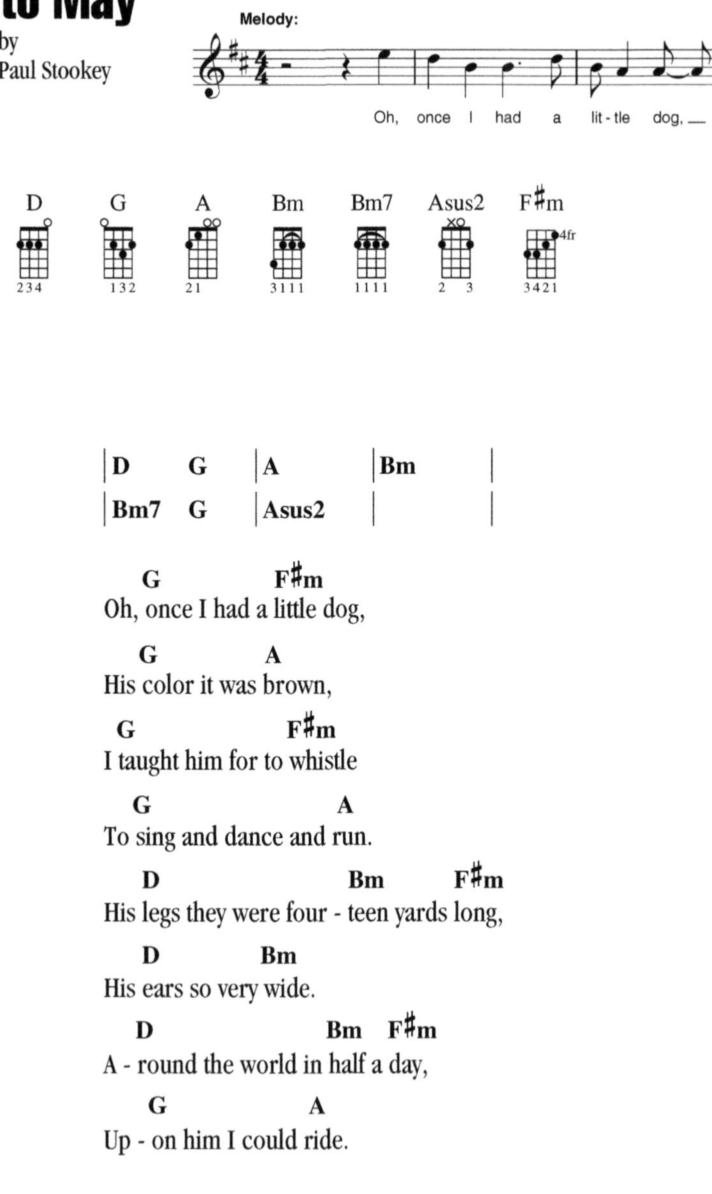

Intro

| D G | A | Bm |
| Bm7 G | Asus2 | |

Verse 1

```
 G             F#m
Oh, once I had a little dog,
 G           A
His color it was brown,
 G                 F#m
I taught him for to whistle
 G                   A
To sing and dance and run.
 D                   Bm        F#m
His legs they were four - teen yards long,
 D           Bm
His ears so very wide.
 D                   Bm   F#m
A - round the world in half a day,
 G               A
Up - on him I could ride.
```

```
Chorus 1    D   G      A
            Sing tarry-o-day,
            Bm G          A
            Sing autumn to May.

               G              F#m
Verse 2     Oh, once I had a little frog,
              G                 A
            He wore a vest of red.
                G                F#m
            He'd lean upon his silver cane,
             G                A
            A top hat on his head.
                 D                 Bm  F#m
            He'd speak of far off pla - ces,
              D                  Bm
            Of things to see and do,
                D                  Bm           F#m
            And all the kings and queens he'd met,
                  G            A
            While sailing in a shoe.
```

Chorus 2 *Repeat Chorus 1*

```
                      G                   F#m
Verse 3               Oh, once I had a flock of sheep,

                        G                  A
                      They grazed upon a feather.

                       G                  F#m
                      I'd keep them in a music box

                          G                A
                      From wind or rainy weather.

                        D            Bm        F#m
                      And ev'ry day the sun would shine,

                           D                  Bm
                      They'd fly all through the town

                        D                    Bm    F#m
                      To bring me back some golden rings

                        G             A
                      And candy by the pound.
```

Chorus 3 *Repeat Chorus 1*

```
                      G                   F#m
Verse 4               Oh, once I had a downy swan,

                        G           A
                      She was so very frail.

                        G          F#m
                      She sat upon an oyster shell,

                        G                  A
                      And hatched me out a snail.

                        D                  Bm  F#m
                      The snail it changed in - to a  bird,

                        D            Bm
                      The bird to butter - fly.

                        D            Bm    F#m
                      And he who tells a bigger tale

                           G               A
                      Would have to tell a lie.
```

Chorus 4 *Repeat Chorus 1*

Blue

Words and Music by Peter Yarrow,
Paul Stookey and Mary Travers

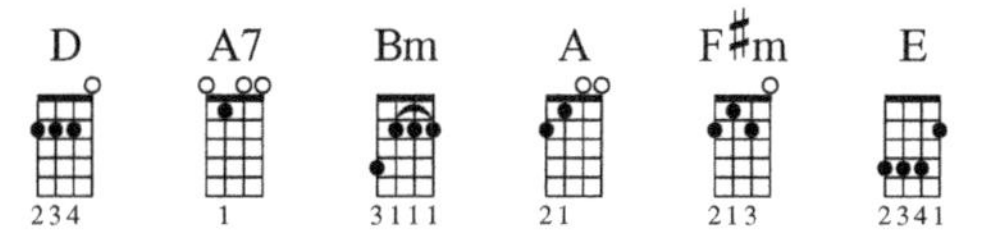

Prelude *Spoken: We'd like to sing a children's song for you now. It's unique.*
It's the only children's song that we've ever encountered
That contains all three of the basic elements
Of every single children's song.
The first element is simplicity,
So that the children can understand the song.
The second element is pathos,
To prepare the child for later traumatic experiences
And the third element is repetition,
To give the child a false sense of security.

Intro ||: **D** | | | :||

Verse 1

```
D
I had a dog and his name was Blue!
                   A7         D
I had a dog and his name was Blue!

I had a dog in his name was Blue!
                          A7         D
I bet you five dollars he's a good dog too.
                 Bm              A7          D
Singin' here Ol' Blue, you're a good dog, you.
```

```
             D
Verse 2      Old Blue come when I blow my horn.

                                A7      D
             Old Blue come when I blow my horn.

             Blue come a runnin' through the yellow corn.

                                        A7      D
             Blue come a runnin' when I blow my horn.

                            Bm          A7        D
             Singin' here Ol' Blue, you're a good dog, you.

                         N.C.
Interlude    Spoken: What if this song were to be changed?
             Modified by an unscrupulous modifier of folk songs
             Whose business it is to make this type the song palatable
             For the teenage delinquent "mother-my-dog" instinct.
             And then it would be a rock 'n roll song.
             Oh, nasty, unscrupulous modifier!
             Now it would sound something like this:

             | A          | F#m      | D         | E N.C.                  |
                                                  one, two, three, four,

             |                       | A         | F#m      |
              five, six, seven, eight,
```

```
          A                    F#m
Verse 3   I got a dog and his name is Blue.

            D                            E
          I bet you five dollars he's a good dog, too.

          A    F#m  D          E  N.C.
          Ooh, ooh,  ooh, ooh, ooh.

          A
             Oh, no, my doggie,

          F#m                          D                    E
             My sweet little doggie,    my putrid little doggie.

          N.C.
          Bow, wow, wow.

          A    F#m  D          E     N.C.
          Ooh, ooh,  ooh, ooh, ooh.

                A    F#m                       D                     E  N.C.
          Well, Blue,     why did you leave ___ me, sweetheart?

               A                            F#m   D      E  N.C.
          You,    you promised to write, and I, I sit, I sit,

                        A          F#m                              D      E  N.C.
          I sit alone at night now,     sifting sand through my fingers,

                                                A   F#m                    D   E  N.C.
          Looking for some trace of you. ___ Come back, Blue, I,   I,

            A          F#m          D    E  N.C.       A  F#m  D  E
          I,    I want ___ you, I,     I,    I need you.

          N.C.                          D     A
          And I'm going to have you. Here, Blue.
```

Bamboo

Words and Music by
Dave Van Ronk

Melody:
Take a stick of bam-boo, you take a stick of bam-boo,

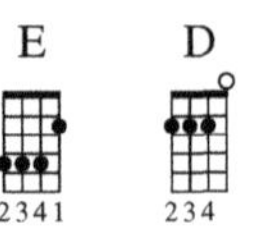
E
D
2341
234

Intro ‖: E | D :‖

Verse 1

```
E                                D
Take a stick of bamboo, you take a stick of bamboo,
     E                             D
You take a stick of bamboo, you throw it in the water.
E       D      E
   Oh,     oh, Hannah!
                                   D
You take a stick of bamboo, you take a stick of bamboo,
     E                             D
You take a stick of bamboo, you throw it in the water.
E       D      E
   Oh,     oh, Hannah!
```

Chorus 1

E D E
River ___ she come down.

D E
River ___ she come down.

Verse 2

E D
‖: You travel on the river, you travel on the river.

E D
You travel on the water, you travel on the water.

E D E
Oh, oh, Hannah! :‖

Chorus 2

Repeat Chorus 1

Verse 3

E D
‖: My home's across the river, my home's across the river.

E D
My home's across the river, my home's across the water.

E D E
Oh, oh, Hannah! :‖

Chorus 3

Repeat Chorus 1

Outro-Verse

E D
You take a stick of bamboo, you take a stick of bamboo,

E D E
You take a stick of bamboo, you throw it in the wa - ter.

Blowin' in the Wind

Words and Music by
Bob Dylan

Melody:

How man-y roads must a

A B E C#m

21 3211 2341 3111

Intro

| A | B | E | C#m |
|A |B |E | |

Verse 1

```
E          A            E
How many roads must a man walk down
                 A          B
Before they call him a man?
E          A            E            C#m
How many seas must a white dove sail
    E         A             B
Be - fore she sleeps in the sand?
E          A               E
How many times must the cannonballs fly
                        A    B
Before they're for - ever banned?
```

Chorus 1

```
    A            B        E            C#m
The answer my friend is blowin' the wind,
    A          B              E
The answer is blowin' in the wind.
```

Verse 2

```
E          A            E
How many years must a mountain exist

           A             B
Before it is washed to the sea?

E          A                 E           C#m
How many years can some people ex - ist

    E                A          B
Be - fore they're al - lowed to be free?

E          A           E
How many times can a man turn his head

                     A          B
And pretend that he just doesn't see?
```

Chorus 2

Repeat Chorus 1

Verse 3

```
E          A            E
How many times must a man look up

             A      B
Before he can see the sky?

E          A          E        C#m
How many ears must one man have

    E          A          B
Be - fore he can hear people cry?

E          A            E
How many deaths will it take 'till he knows

             A          B
That too many people have died?
```

Chorus 3

```
    A         B        E          C#m
The answer my friend is blowin' the wind,

    A        B            E     A  B  E  C#m
The answer is blowin' in the wind.

    A        B            E
The answer is blowin' in the wind.
```

Children, Go Where I Send Thee

Traditional Spiritual
Adapted and Arranged by Peter Yarrow,
Paul Stookey, Mary Travers
and Robert DeCormier

E A B7
2341 21 321

Verse 1

```
E
  Children, go where I send thee.

(How shall I send thee?)

Well, I'm gonna send thee one by one.

One for the itty, bitty, baby,

                 A    E     B7      E
Who was born, born, born in Bethlehem.

                              A          E       B7       E
(Said he was born,) Born, (born) born, born in Bethlehem.
```

Verse 2

```
                  E
Little children, go where I send thee.

(How shall I send thee?)

Hey, I'm gonna send thee two by two.

Two for Paul and Silas.

One for the itty, bitty, baby

                 A    E     B7      E
Who was born, born, born in Bethlehem.

                              A          E       B7       E
(Said he was born,) Born, (born) born, born in Bethlehem.
```

```
                    E
Verse 3     Children, go where I send thee.

            (How shall I send thee?)

            I'm gonna send thee three by three.

            Three for the Hebrew children.

            Two for Paul and Silas.

            One for the itty, bitty, baby
                          A     E      B7      E
            Who was born, born, born in Bethlehem.
                                       A          E      B7      E
            (Said he was born,) Born, (born) born, born in Bethlehem.


                    E
Verse 4     Children, go where I send thee.

            (How shall I send thee?)

            I'm gonna send thee four by four.

            Four for the four that stood at the door.

            Three for the Hebrew children.

            Two for Paul and Silas.

            And one for the itty, bitty, baby
                                  A          E      B7      E
            Who was born, (Born) born, (born) born in Bethlehem.
```

```
                          E
Verse 5         (Children, go where I send thee.)

                How shall I send thee?

                (I'm gonna send thee five by five.)

                Five for the five that stayed alive.

                Four for the four that stood at the door.

                Three for the Hebrew children.

                Two for Paul and Silas.

                One for the itty, bitty, baby
                                 A          E     B7     E
                Who was born, (Born) born, (born) born in Bethlehem.
                               B7   A    E    B7     E
                (Said He was born, born, born, born in Bethlehem.)

                          E
Verse 6         Children, go where I send thee.

                (How shall I send thee?)

                I'm gonna send thee six by six.

                Six for the six that never got fixed.

                Five for the five that stayed alive.

                Four for the four that stood at the door.

                Three for the Hebrew children.

                Two, give me two for Paul and Silas.

                One for the itty, bitty, baby.
                                A          E     B7     E
                He was born, (Born) born, (born) born in Bethlehem.
```

Verse 7

```
                 E
Well, children, go where I send thee.

(How shall I send thee?)

I'm gonna send thee seven by seven.

Seven for the seven that never got to heaven.

Six for the six that never got fixed.

Five for five that stayed alive.

Four for the four that stood at the door.

Three for the Hebrew children.

Two for Paul and Silas.

And one for the itty, bitty, baby
                         A          E     B7     E
That was (Born) born, (born) born, born in Bethlehem.
```

```
                     E
Verse 8   Children, go where I send thee.

          (How shall I send thee?)

          Well, I'm gonna send thee eight by eight.

          Eight for the eight that stood at the gate.

          Seven for the seven that never got to heaven.

          Six for the six that never got fixed.

          Five for the five that stayed alive.

          Four for the four that stood at the door.

          Three for the Hebrew children.

          Two for Paul and Silas.

          One for the itty, bitty, baby
                        A    E      B7       E
          Who was born, born, born in Bethlehem.
                           B7   A    E      B7       E
          (Said He was born, born, born, born in Bethlehem.)
```

Verse 9

```
                     E
Well, children, go where I send thee.

(How shall I send thee?)

I'm gonna send thee nine by nine.

Nine for the nine that dressed so fine.

Eight for the eight that stood at the gate.

Seven for the seven that never got to heaven.

Six for the six that never got fixed.

Five for the five that stayed alive.

Four for the four that stood at the door.

Three for the Hebrew children.

Two for Paul and Silas.

One for the itty, bitty, baby
                        A            E       B7       E
Who was born, (Born) born, (born) born in Bethlehem.
                             A            E       B7       E
(Said He was born,) Born (born,) born, born in Bethlehem.
```

Verse 10

```
                  E
Well, children, go where I send thee.

(How shall I send thee?)

Well, I'm gonna send thee ten by ten.

Ten for the ten commandments.

Nine for the nine that dressed so fine.

Eight for the eight that stood at the gate.

Seven for the seven that never got to heaven.

Six for the six that never got fixed.

Five for the five that stayed alive.

Four for the four that stood at the door.

Three for the Hebrew children.

Two for Paul and Silas.

One for the itty, bitty, baby
                  A    E      B7       E
Who was born, born, born in Bethlehem.
               B7    E    A
(And He was born, born, born,)
E       B7      E
Born in Bethle - hem. (In Bethlehem.)
```

Day Is Done

Words and Music by
Peter Yarrow

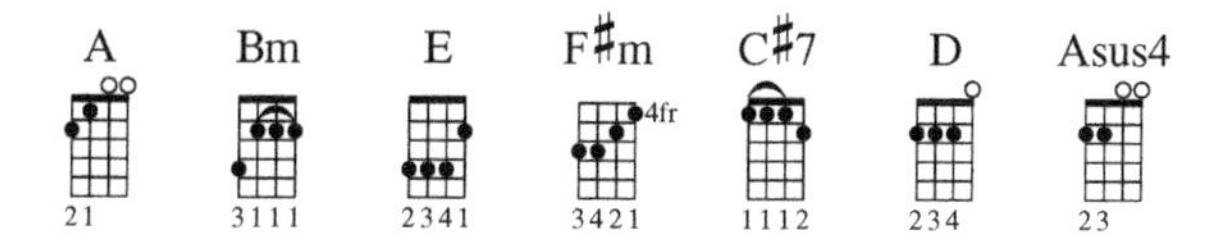

Verse 1

A   Bm
Tell me why you're crying, my son,
E   A
I know you're frightened like ev'ryone.
F♯m   Bm
Is it the thunder in the distance you fear?
C♯7   D   Bm
Will it help if I stay very near?
E   A   Asus4
I am here.

Chorus 1

```
A            D                A
   And if you take my hand, my son

                  E                 A
All will be well ___ when the day is done.

             D               A
And if you take my hand, my son,

                  E                 A
All will be well ___ when the day is done.

           E
(Day is done.) When the day is done.

           A
(Day is done.) When the day is done.

              E
(The day is done.) When the day is done.

         A      Asus4  A  Asus4
Day is done.
```

Verse 2

```
A                      Bm
   Do you ask why I'm sighing, my son?
E                  A
   You shall inherit what mankind has done.
F#m                      Bm
   In a world filled with sorrow and woe
C#7              D          Bm
   If you ask me why this is so,
E                A     Asus4
   I really don't know.
```

Chorus 2 *Repeat Chorus 1*

```
               A                  Bm
Verse 3           Tell me why you're smiling, my son,

               E                           A
                  Is there a secret you can tell ev'ryone?

               F#m                Bm
                  Do you know more than men that are wise?

               C#7                   D          Bm
                  Can you see what we all must dis - guise

               E                     A    Asus4
                  Through your loving eyes?

               A           D              A
Chorus 3          And if you take my hand, my son

                             E                 A
               All will be well ___ when the day is done.

                        D              A
               And if you take my hand, my son,

                             E                 A
               All will be well ___ when the day is done.

                        E
               (Day is done.) When the day is done.

                        A
               (Day is done.) When the day is done.

                            E
               (The day is done.) When the day is done.

                      A
               Day is done.

                  A        D             A
Outro          ||:  And if you take my hand, my son

                             E                 A
               All will be well ___ when the day is done.

                        D              A
               And if you take my hand, my son,

                             E                 A
               All will be well ___ when the day is done. :||  Repeat and fade
```

The Cruel War

Words and Music by
Peter Yarrow and Paul Stookey

Melody:
The cruel war is rag - ing;

G Em Am Bm B7 C D

132 3421 2 3111 321 3 234

Intro

```
|G        |Em       |Am       |Bm  B7   |
|C        |Am       |D    C   |G        |         |
```

Verse 1

```
   G          Em     Am           Bm   B7
The cruel war is raging; Johnny has to fight.
 C        Am            G     C      G
I want to be with him from morn - ing 'till night.
             Em        Am           Bm
I want to be with him, it grieves my heart so.
 B7        C       Am
"Won't you let me go with you?"
 G  C      G
"No, my love, no."
```

Verse 2

```
   G          Em      Am          Bm
To - morrow is Sunday, Monday is the day
B7       C         Am        G  C     G
That your captain will call you and you must o - bey.
                  Em        Am              Bm
Your captain will call you, it grieves my heart so.
 B7        C        Am
"Won't you let me go with you?"
 G  C     G
"No, my love, no."
```

Verse 3

```
   G          Em        Am          Bm
I'll tie back my hair, men's clothing I'll put on,
B7   C           Am         G  C       G
   I'll pass as your comrade as we march a - long,
                  Em          Am        Bm
I'll pass as your comrade, no one will ever know.
 B7        C        Am
"Won't you let me go with you?"
 G  C     G
"No, my love, no."
```

Verse 4

```
   G          Em      Am          Bm
Oh, Johnny, oh, Johnny, I fear you are un - kind,
B7  C          Am       G C      G
   I love you far better than all of man - kind.
               Em       Am               Bm
I love you far better than words can e'er ex - press.
 B7        C        Am
"Won't you let me go with you?"
 G  C     G
"Yes, my love, yes."
```

Outro-Verse

```
| G        | Em       | Am       |
| Bm  B7   | C        | Am       |
 G  C     G
"Yes, my love, yes."
```

Don't Laugh at Me

Words and Music by
Steve Seskin and Allen Shamblin

Melody:

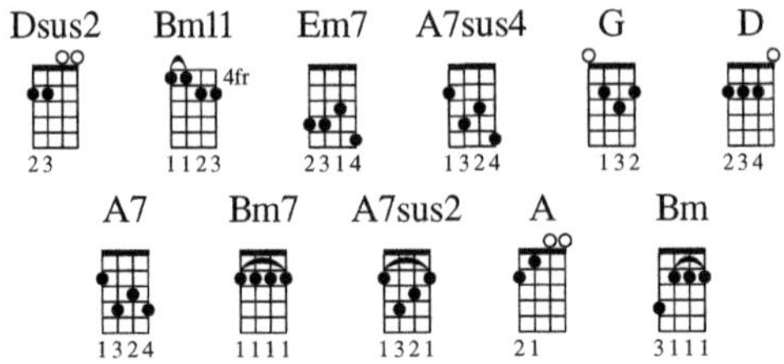

I'm a lit-tle boy_ with glass-es,

Dsus2 Bm11 Em7 A7sus4 G D

A7 Bm7 A7sus2 A Bm

Intro ‖: **Dsus2** | **Bm11** | **Em7** | **A7sus4** :‖

Verse 1

Dsus2
I'm a little boy with glasses, the one they call a geek.

Bm11
A little girl who never smiles 'cause I've got braces on my teeth.

G D Em7 A7sus4 A7
And I know how it feels ___ to cry myself to sleep.

Dsus2
I'm that kid on ev'ry playground who's always chosen last.

Bm11
A single teenage mother try'n' to overcome my past.

G D Em7
You don't have to be my friend.

A7sus4
But is it too much to ask?

Chorus 1

```
A7                    Dsus2
   Don't laugh at me.

                      Bm11
Don't call me names.

                      G                  A7
Don't get your pleas - ure from my pain.

                 D                    Bm7
In God's eyes ___ we're all the same.

                    G                      A7sus4
Someday we'll all ___ have perfect wings.

            A7sus2  A7      Dsus2  Bm11  Em7  A7sus4
Don't laugh ___ at ___ me.
```

Verse 2

```
      Dsus2
I'm the beggar on the corner, you've passed me on the street.

     Bm11
And I wouldn't be out here beggin' if I had enough to eat.

   G          D        Em7                 A7sus4
And don't think I don't no - tice that our eyes    never meet.
```

Chorus 2

```
A7                    Dsus2
   Don't laugh at me.

                      Bm11
Don't call me names.

                      G                  A7
Don't get your pleas - ure from my pain.

                 D                    Bm7
In God's eyes ___ we're all the same.

                    G                      A7sus4
Someday we'll all ___ have perfect wings.

            A7sus2  A7      Dsus2  Bm11
Don't laugh ___ at ___ me.
```

Bridge 1

```
        G             D              Em7        A7
I'm fat, ___ I'm thin, ___ I'm short, ___ I'm tall,

         G              D               Em7        A7
I'm deaf, ___ I'm blind. ___ Hey aren't ___ we all?
```

Chorus 3 *Repeat Chorus 2*

Bridge 2

```
          G            D              Em7       A7
I'm fat, ___ I'm thin, ___ I'm short, ___ I'm tall,

           G            D      Em7        A7sus4 A7
I'm deaf, ___ I'm blind.   In a way we are all.

    G         D           Em7       A7
I'm black, I'm white, and I am brown.

    G          D               Em7       A7sus4 A7
I'm Jewish, I'm Christian, and I am Muslim.

    G      D      Em7                   A7
I'm gay, I'm lesbian,   I'm American Indian.

     G                D      Em7      A7
I am very, very young.    I'm quite aged.

                      G   D      Em7          A7
I'm quite wealthy, ___      I'm very, very poor.
```

Chorus 4

```
A7                 Dsus2
   Don't laugh at me.

                     Bm11
Don't call me names.

                     G                  A7
Don't get your pleas - ure from my pain.

               D                  Bm7
In God's eyes ___ we're all the same.

                     G                 A7sus4
Someday we'll all ___ have perfect wings.

              A7sus2  A7    Dsus2  Bm11
Don't laugh ___ at ___ me.

             A
My country 'tis of thee.

     Bm               G D A      Bm Bm7
Oh, ___ sweet land of    liber - ty

G         A7         Dsus2 Bm11 G A7 D
   It is of thee that I sing.
```

Don't Think Twice, It's All Right

Words and Music by
Bob Dylan

Melody:

It ain't no use to sit and won - der

C G Am F G7 D7 C7 D9

Intro

C	G	Am	
F		G	G7
C	G	Am	
D7		G	G7
C		C7	
F		D9	
C	G	Am	F
C	G	C	G

Verse 1

```
   C              G              Am
It ain't no use to sit and wonder why, babe,
F                         G    G7
   It don't matter any - how.
       C              G              Am
And it ain't no use to sit and wonder why, babe,
D7                         G    G7
   If you don't know by now.
          C                    C7
When the rooster crows at the break of dawn
F                              D9
   Look out your window and ___ I'll be gone.
C            G            Am         F
   You're the reason I'm ___ travelin' on,
C           G          C    G
  Don't think twice, it's all right.
```

Verse 2

C G Am
It ain't no use in turnin' on your light, babe,

F G G7
That light I never knowed.

C G Am
It ain't no use in turnin' on your light, babe,

D7 G G7
I'm on the dark side of the road.

C C7
Still I wish there were something you would ___ do or say

F D9
To try and make me change my ___ mind and stay.

C G Am F
We never did too much talkin' anyway.

C G C G
So don't think twice, it's all right.

Verse 3

C G Am
I'm walkin' down that long, lonesome road, ___babe,

F G G7
Where I'm bound I can't tell.

C G Am
But goodbye is too good a word, gal,

D7 G G7
So ___ I'll just say "Fare thee well."

C C7
I ain't sayin' you treated me unkind,

F D9
You could have done better, but I don't mind.

C G Am F
You just sorta wasted my precious time,

C G C G
But don't think twice, it's all right.

Verse 4

```
  C          G         Am
It ain't no use in callin' out my name, gal,
F                         G   G7
  Like you never did before.
  C          G         Am
It ain't no use in callin' out my name, gal,
D7                       G    G7
  I can't hear you any - more.
     C                            C7
I'm a-thinkin' and a-wonderin' all the way down the road,
 F                 D9
I once loved a woman,   a child I'm told.
 C        G        Am      F
I gave her my heart but she wanted my soul,
C          G          C    G
  Don't think twice, it's all right.
```

Outro

```
|C        |G        |Am       |F        |
|C        |G        |C        |         ||
```

Early in the Morning

Words and Music by
Paul Stookey

Melody:
Well, ear - ly in the morn - in',

A D C#m Bm7 E7 F#m B7

21 234 3111 412 12 3 3421 321

4fr 4fr

Intro

| A D | A D | A D | A D |
| A D | A D | A D | A N.C. |

Verse 1

A D
Well, early in the mornin',
A N.C. A D
About the break of day,
A N.C. C#m
I asked the Lord
N.C. Bm7
Help me find a way
E7 A D
Help me find a way
A D A D
To the promised land.
A D F#m B7
This lonely body needs a helping hand.
A F#m C#m
I asked the Lord _____ to help me please
E7 A D A D A D
Find the way.

Verse 2

```
A N.C.                        A      D
      When the new day is a-dawnin',

A         D      A     D
   Bow my head in prayer,

A                   C#m                      Bm7
   I pray to the Lord ___ won't you lead me there?

E7                        A    D
   Won't you guide me safely

A        D       A   D
   To the Golden stair?

A                     F#m              B7
   Won't you let this body your burden share?

                A     F#m                    C#m
I pray to the Lord ___ won't you lead me please,

E7         A  D  A  D  A  D  A  D  A  D  A  D
   Lead me there?
```

Verse 3

```
A N.C.                          A  D
      When the judgment comes

A N.C.                            A  D
      To find the world in shame,___

A N.C.                    C#m                       Bm7
      When the trumpet blows won't you call my name?

E7                         A  D
   When the thunder rolls

A          D         A   D
   And the heavens rain,

A                         F#m  N.C.             B7
   When the sun turns black,    never shine again,

                          A     F#m                  C#m
When the trumpet blows ___ won't you call me please,

E7         A  D  A  D  A  D  A
   Call my name?
```

Early Mornin' Rain

Words and Music by
Gordon Lightfoot

Melody:

In the ear - ly morn - in' rain

G Bm Am D7

132 3111 2 1112

Intro

| G | | Bm | |
| Am | D7 | G | |

Verse 1

G Bm
In the early mornin' rain

Am D7 G
With a dollar in my hand.

Am
And an achin' in my heart

D7 G
And my pockets full of sand.

Am
I'm a long way from ___ home

D7 G
And I miss my loved one ___ so.

Bm
In the early morning rain

Am D7 G
With no place to go.

Verse 2

```
G                           Bm
   Out on runway number nine
Am            D7            G
   Big seven-o-seven set to go,
                         Am
But I'm out here on the grass
D7                             G
   Where the pavement never grows.
                         Am
Well, the liquor tasted ___ good
D7                           G
  And the women all were ___ fast.
                           Bm
Well, there she goes, my friend
Am        D7                 G
   She's a-rollin' down at last.
```

Verse 3

```
G                            Bm
   Here the mighty engine roar,
Am        D7             G
   See the silver wing on high.
                             Am
She's away and westward bound
D7                    G
   Far above the clouds she'll fly,
                                   Am
Where the mornin' rain don't ___ fall
D7                    G
   And the sun always ___ shines.
                         Bm
She'll be flyin' o'er my home
Am      D7                     G
   In a - bout three hours ___ time.
```

Verse 4

```
G                          Bm
   This old airport's got me down,
Am       D7              G
   It's no earthly good to me,
                              Am
'Cause I'm stuck here on the ground
D7                         G
   Cold and drunk as I might be.
                    Am
You can't jump a jet plane
D7                       G
   Like you can a freight train.
                   Bm
So I best be on my way
Am      D7          G
   In the early mornin' rain.
                    Am
So I best be on my ___ way
D7                  G
   In the early mornin' rain.
```

Garden Song

Words and Music by
Dave Mallett

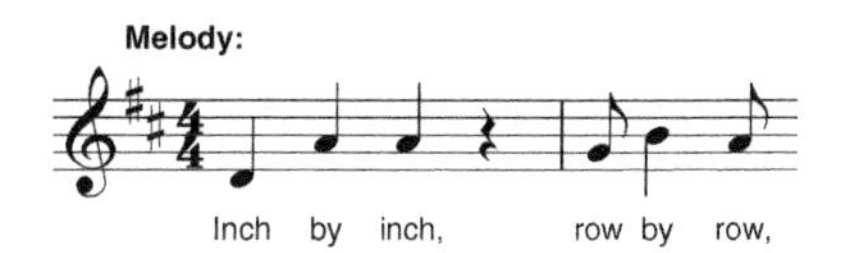
Melody:
Inch by inch, row by row,

D G A7 Bm Em Asus4 A A7sus4

234 132 1 3111 3421 23 21 2

Intro ‖: D | | | :‖

Verse 1

```
D             G     D
Inch by inch, row by row,
G            A7       D
   I'm gonna make this garden grow.
G       A7       D         Bm
   All it takes is a rake and a hoe,
A7  Em                       Asus4 A
And a    piece of fertile ground.
D             G       D
Inch by inch, row by row,
G           A7        D
   Someone bless these seeds I sow,
G           A7        D
   Someone warm them from below
          G         A7       D
'Till the rain comes tumbling down.
```

Verse 2

D G D
Pullin' weeds and pickin' stones,

G A7 D
We are made ___ of dreams and bones,

G A7 D Bm
I feel the need to grow my own

A7 Em A7sus4 A7
'Cause the time is close at hand.

D G D
Grain for grain, sun and rain,

G A7 D
I'll find my way in nature's chain,

G A7 D
I tune my body and my brain

Em A7 D
To the music of the land.

Verse 3 *Repeat Verse 1*

Verse 4

```
     D                G          D
So plant your rows     straight ___ and long,
G              A7         D
   And temper them with prayer and song,
G           A7         D          Bm
   Mother Earth can keep you strong
A7    Em                    Asus4  A
If you give her love and care.
         D                    G       D
Now an old crow watchin' hungrily
G             A7       D
   From his perch in yonder tree,
G         A7      D
   In my garden I'm as free as that
Em            A7       D
   Feathered beak up there.
```

Verse 5

Repeat Verse 1 (A cappella)

Outro

```
D           G      D
Inch by inch, row by row,
G             A7           D
   Someone bless these seeds I sow,
G             A7           D
   Someone warm them from below
         G            A7         D
'Till the rain comes tumbling down.
```

Five Hundred Miles

Words and Music by
Hedy West

Melody:
If you miss the train _ I'm on,

D Bm Em G A F♯m

234 3111 3421 132 21 213

Intro

D	Bm	Em	G
Em	A	D	

Verse 1

```
           D                    Bm          Em                 G
If you miss the train I'm on, you will know that I am gone;

           Em                      F#m   G        A
You can hear the whistle blow ___ a hundred miles.

             D                   Bm                  Em                   G
A hundred miles, a hundred miles, a hundred miles, a hundred miles,

           Em                 F#m   G         D
You can hear the whistle blow a hundred miles.
```

```
              D                  Bm                 Em                  G
Verse 2       Lord, I'm one, Lord, I'm two, Lord, I'm three, Lord, I'm four,

                      Em               F#m  G          A
              Lord, I'm five hundred miles from my home.

                           D                        Bm
              Five hundred miles, five hundred miles,

                           Em                       G
              Five hundred miles, five hundred miles,

                      Em               F#m  G          D
              Lord, I'm five hundred miles from my home.


                   D            Bm            Em              G
Verse 3       Not a shirt on my back, not a penny to my name,

                   Em        F#m  G     A
              Lord I can't go a home this a way.

                   D          Bm         Em         G
              This a way, this a way, this a way, this a way,

                   Em         F#m  G    D
              Lord, I can't go a home this a way.


                   D                 Bm          Em                G
Outro-Verse   If you miss the train I'm on, you will know that I am gone;

                     Em                     F#m   G         D
              You can hear the whistle blow ___ a hundred miles.
```

Follow Me

Words and Music by
John Denver

Melody:

It's by far the hard-est thing __ I've

F Bb Am Gm C7 C7sus4 Gm7 G C Dm7

```
              N.C.                                 F
Intro         It's by far the hardest thing I've ever done,

                  Bb   Am      Gm      F      C7  C7sus4  C7
              To be so in love with you and so alone.

                  F          Bb        F             Bb   Gm7
Chorus 1      Follow me where I go, what I do and who I know,

                  F            Bb  G        C7sus4  C7
              Make it part of you to be a part of me.

                  F         Bb           F                Bb
              Follow me up and down, all the way and all around,

              F                Bb   C7    F
              Take my hand and I will follow too.

                 F                C                    Bb              F
Verse 1       It's long been on my mind, you know it's been a long, long time,

                 Dm7       C                       Bb                C
              I'll try to find a way that I can make ___ you understand

                 Bb         F             Bb              F
              The way I feel a - bout you and just how much I need you

                   Bb          Am   Gm    Am
              To be there where I can talk to you

                   Bb                 C
              Where there's no one else a - round.
```

Chorus 2

F Bb F Bb
Follow me where I go, ___ what I do ___ and who I know,

F Bb C7
Make it part of you to be a part of me.

F Bb F Bb
Follow me up and down, ___ all the way and all a - round,

F Bb C7 F
Take my hand and I will follow too.

Verse 2

F C
You see, I'd like to share my ___ life with you

Bb F
And show you things I've seen,

Dm7 C Bb C
Places where I'm going to, places where I've been.

Bb F Bb F
To have you there be - side me and never feel alone

Bb Am Gm Am
And all the time that you're with me,

Bb C
Then we will be at home.

Outro-Chorus

F Bb F Bb
Follow me where I go, ___ what I do ___ and who I know,

F Bb C7
Make it part of you to be ___ a part of ___ me.

F Bb F Bb
Follow me up and down, ___ all the way.

F Bb C7 F
Take my hand and I will ___ follow ___ too.

(That's What You Get) For Lovin' Me

Words and Music by
Gordon Lightfoot

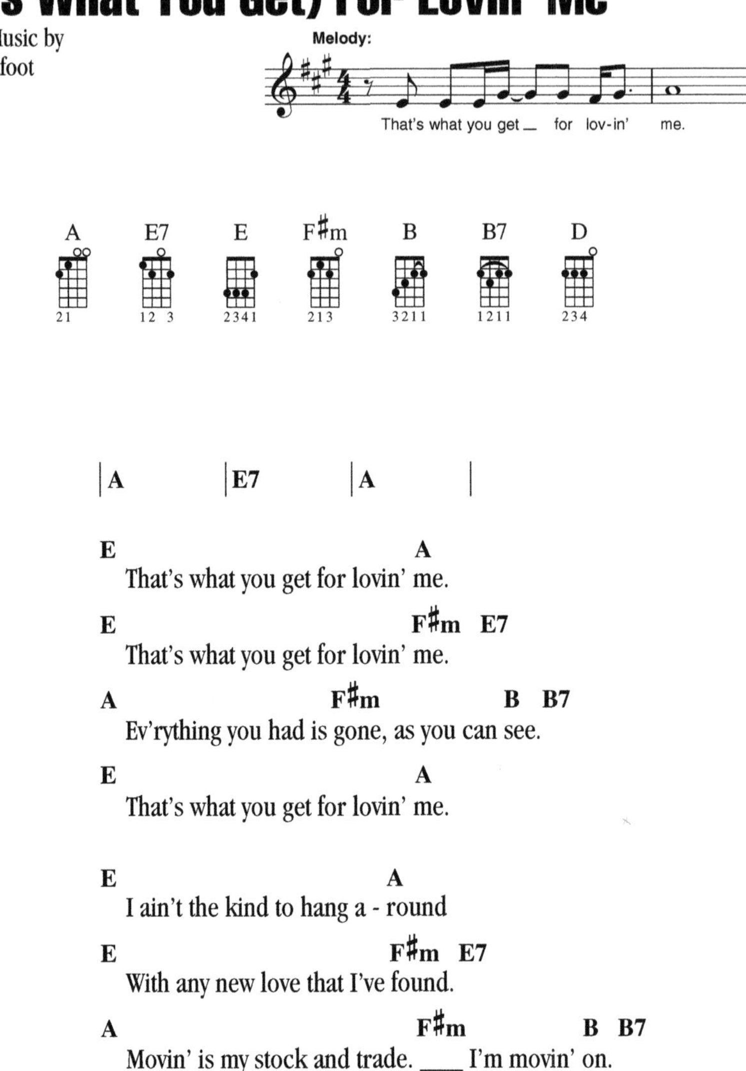

Intro | A | E7 | A |

Verse 1

E **A**
That's what you get for lovin' me.
E **F♯m** **E7**
That's what you get for lovin' me.
A **F♯m** **B** **B7**
Ev'rything you had is gone, as you can see.
E **A**
That's what you get for lovin' me.

Verse 2

E **A**
I ain't the kind to hang a - round
E **F♯m** **E7**
With any new love that I've found.
A **F♯m** **B** **B7**
Movin' is my stock and trade. ____ I'm movin' on.
E **A**
I won't think of you when I'm gone.

Verse 3

```
E                       A
  So don't you shed a tear for me,
E                         F#m  E7
  I ain't the love you thought I'd be.
A                        F#m        B  B7
  I've got a hundred more like you, so don't be blue.
E                        A
  I'll have a thousand 'fore I'm through.
```

Verse 4

```
E                            A
  Now, there you go, you're cryin' a - gain.
E                              F#m  E7
  Now, there you go, you're cryin' a - gain.
A                              F#m       B   B7
  But then someday when your poor heart is on the mend
E                        A
  I just might pass this way again.
```

Verse 5 *Repeat Verse 1*

Outro

```
|D        |E7       |A        |        ||
```

Freight Train

Words and Music by Elizabeth Cotten,
Paul James and Frederick Williams

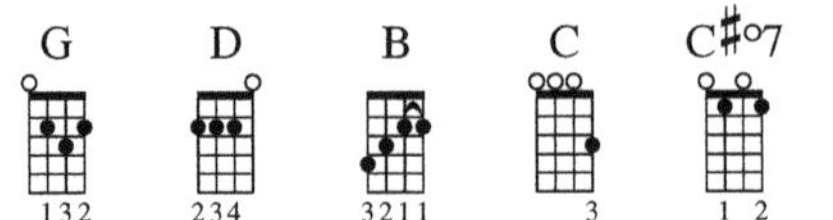

Intro

G	D		G
B	C C♯°7	G D	G D

Verse 1

```
G                              D
Freight train, freight train goin' so fast,
                               G
Freight train, freight train goin' so fast.
B                          C        C♯°7
   Please don't tell what train I'm on,
        G          D          G    D
So they won't know where I've gone.
```

Verse 2

```
G                              D
Freight train, freight train comin' 'round the bend.
                                G
Freight train, freight train ___ gone again.
B                                C          C♯°7
   One of these days turn that    train a - round
    G       D        G        D
Go back to my home - town.
```

Verse 3 *Repeat Verse 1*

Verse 4 *Repeat Verse 1 (Instrumental)*

Verse 5

```
G                   D
  One more place I'd ___ like to be.
                 G
One more place I'd ___ love to see.
B                                   C           C#°7
  To watch those old Blue Ridge ___ Mountains climb
      G      D      G    D
When I ride old number nine.
```

Verse 6 *Repeat Verse 1*

Verse 7

```
G              D
When I die please bury me deep.
                    G
Down at the end of Bleaker Street.
B                C          C#°7
  So I can hear old Number Nine
  G      D    G  D
As she goes rollin' by.
```

Verse 8 *Repeat Verse 1*

Outro

```
| B      | C  C#°7 | G   D   | G      |      ‖
```

Gone the Rainbow

Words and Music by
Peter Yarrow, Paul Stookey,
Milton Okun and Mary Travers

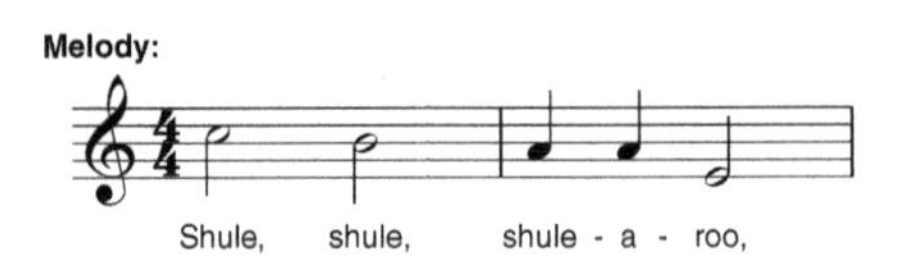
Melody:
Shule, shule, shule - a - roo,

Am E7 C Em F Dm7

2 12 3 3 3421 2 1 2314

Intro | Am E7 | Am | C Em | Am |

Chorus 1

```
   Am   E7   Am
||: Shule, shule, shule-a-roo,
C      Em       Am
Shule-a-rak-shak, shule-a-ba-ba-coo.
C      Em     F        Am
When I saw my Sally Baby Beal
      Em          E7     Am
Come bibble in the boo shy Lorey. :||
```

Interlude 1 | C E7 | Am |

Verse 1

```
Am   G   Dm7      Am
Here I sit on Buttermilk Hill.
C            Em       Am
  Who could blame me, cry my fill.
C       Em         Am   F
  Ev'ry tear would turn a mill,
Am      Em       Am
Johnny's gone for a soldier.
```

Chorus 2

Am E7 Am
Shule, shule, shule-a-roo,

C Em Am
Shule-a-rak-shak, shule-a-ba-ba-coo.

C Em F Am
When I saw my Sally Baby Beal

Em E7 Am
Come bibble in the boo shy Lorey.

Interlude 2

| **C E7** | **Am** |

Verse 2

Am G Dm7 Am
I sold my flax, I sold my wheel

C Em Am
To buy my ___ love a sword of steel.

C Em Am F
So it in battle he might wield,

Am Em Am
Johnny's gone for a soldier.

E7 Am
Oh, my baby, oh, my love,

C Em Am
Gone the rainbow, gone the dove

E7 Am F
Your father ___ was my ___ only love.

Am Em Am
Johnny's gone for a soldier.

Chorus 3 *Repeat Chorus 1*

Goodnight, Irene

Words and Music by
Huddie Ledbetter and John A. Lomax

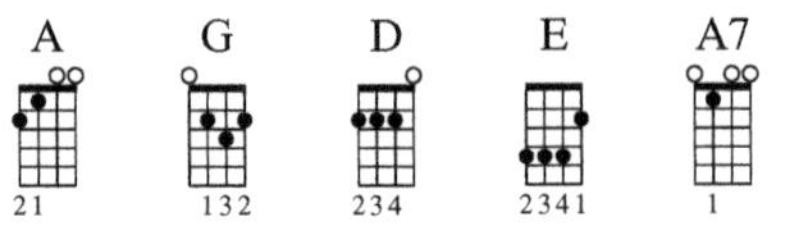

Intro

A	G	D	
E		A	E

Chorus 1

```
A          E              A
Irene, good - night. Irene, good - night.
                  A7         D
Goodnight, I - rene. Good - night, Irene.
   E           A
I'll see you in my dreams.
```

Verse 1

```
             A                E
Well, last Saturday night I got married,
                           A
Me and my wife settled ___ down.
                        A7      D
Well, now me and my wife are parted;
            E                   A
I'm gonna take another stroll down - town.
```

Chorus 2 *Repeat Chorus 1*

Verse 2

```
A                          E
Some folks they like their sugar
                                A
And some folks they like their wine.
            A7             D
Some folks ___ love their music,
    E                 A
And they sing it all the time.
```

Chorus 3

Repeat Chorus 1

Verse 3

```
A                                        E
   Stop your ramblin'. Why don't you stop your gamblin'.
                                  A
We'll stop staying out so late at night.
                   A7       D
Go home to your wife and family.
    E                  A
Stay there by the fireside bright.
```

Chorus 4

```
A             E                   A
Irene, good - night. Irene, good - night.
               A7           D
Goodnight,  I - rene. Good - night, Irene.
   E              A
I'll see you in my dreams.
               A7           D
Goodnight,  I - rene. Good - night, Irene.
   E              A
I'll see you in my dreams.
```

Hurry Sundown

Lyric by E.Y. "Yip" Harburg
Music by Earl Robinson

Melody:

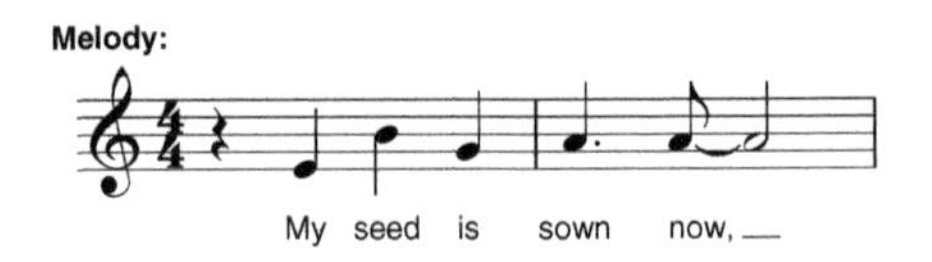

Am Em C G F D7 Cmaj7 C7

2 | 3421 | 3 | 132 | 2 1 | 1112 | 2 | 1

```
Intro          ‖: Am        |         :‖

                         Am        Em              Am
Verse 1        My seed is sown now,   my field is ___ plowed.

                   Em     C            G              C
               My flesh is bone now,   my back is bowed.

               G               F              C    D7           Am
Chorus 1         So hurry sundown, ___    be on your way

                                   F    G
               And hurry me a sun - up

                             F              G          C
               From this beat up sun - down day.

                                D7           G                    C
               Hurry down sundown, ___ be on your way.

                                 F          G                   C   Cmaj7   Am
               Weave me to - morrow     out of today.
```

Verse 2

Am Em Am
Tomorrow's breeze now, blows clear and loud.

Em C G C
I'm off my knees now, I'm standing proud.

Chorus 2

Repeat Chorus 1

Verse 3

Am Em Am
My sorrow's song now, ___ just must break through.

C G C
That brave new dawn now, ___ long over - due.

Chorus 3

G F C D7 Am
So hurry sundown, ___ be on your way

F G
And hurry me a sun - up

F G C
From this beat up sun - down day.

D7 G C
Hurry down sundown, ___ be on your way.

F G C
Weave me to - morrow out of today.

Outro-Chorus

G C G C
Hurry down sundown, get thee be gone.

D7 G
Get lost in the sunrise of a new dawn.

C C7 F
Hurry down sundown, take the old day.

C F C
Wrap it in new dreams. ___ Send it my way.

F C F C
Send it my way. ___ Send it my way.

Hush-A-Bye

Traditional
Adapted and Arranged by
Peter Yarrow and Paul Stookey

Melody:

Em	Am	G	B7	D	Bm
3421	2	132	321	234	3111

Intro

Em		**Am**	
G	**B7**	**Em**	

Chorus 1

Em Am
Hush-a-bye, don't you cry.

G B7 Em
Go to sleep you little baby.

G D Am
When you wake you shall have

G B7 Em
All the pretty little horses.

G Em
Dapples and greys, Pinto's and bays,

Bm B7 Em
All the pretty little horses.

Verse

```
Em          G       D        Am
  Way down yonder,    in the meadow,

G          B7            Em
Poor little baby crying, "Mama."

                 G         D                 Am
Birds and the butterflies flutter round his eyes,

G          B7            Em
Poor little baby crying, "Mama."
```

Chorus 2

```
Em    G   D        Am
Hush-a-bye, don't you cry.

G    B7             Em
Go to sleep you little baby.

            G    D       Am
When you wake you shall have

G     B7        Em
All thc pretty little horses.

G                  Em
Dapples and greys, Pinto's and bays,

Bm    B7         Em
All the pretty little horses.

              Am
Hush-a-bye, don't you cry,

G    B7             Em
Go to sleep you little baby.
```

I Dig Rock and Roll Music

Words and Music by Paul Stookey,
James Mason and Dave Dixon

Melody:

I dig rock and roll mu-sic and I

D7 Bm G E A7sus4

1112 3111 132 2341 1324

Verse 1

D7
I dig rock and roll music

And I love to get the chance to play (and sing it!)

I think it's about the happiest sound goin' down today.

Bm **G**
The message may ___ not move me,

Bm **G**
Or mean a great ___ deal to me,

Bm **E** **A7sus4**
But hey, it feels so groovy to say:

Verse 2

D7
I dig the Mamas and the Papas at "The Trip," Sunset Strip in L.A.

And they got a good thing goin' when the words don't get in the way.

Bm **G**
And when they're real - ly wailing,

Bm **G**
Michelle and Cass ___ are sailing,

Bm **E** **A7sus4**
Hey! They really nail ___ me to the wall. ___ Yeah!

Verse 3

D7
I dig Donovan in a dream-like tripped out way.

His crystal images tell you 'bout a brighter day.

Bm G
And when the Beat - les tell you

Bm G
They've got a word ___ "love" to sell you

Bm E A7sus4
They mean exact - ly what they say.

Verse 4

D7
I dig rock and roll music, I could really get it on in that scene.

I think I could say somethin' if you know what I mean.

Bm G Bm G
But if I real - ly say it, the radio ___ won't play it

Bm E A7sus4
Unless I lay ___ it between the lines!

Outro *Repeat Verse 1 w/ vocal ad lib. and fade*

I Have a Song to Sing, O!

From the Original Work by
William Gilbert and Sir Arthur Sullivan
Adapted and Arranged by Paul Stookey,
Peter Yarrow, Mary Travers and Milton Okun

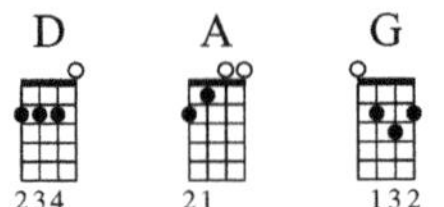

Intro | D | |

Verse 1

D
I have a song to sing, O! (Sing me your song, O!)

A
It is sung to the moon by a love lorn loon

D A
Who fled from the mocking throng O!

D A
It's the song of a merry man moping mum

D A
Whose soul was sad and his glance was glum.

D A
Who sipped no sup and who craved no crumb

D A D
As he sighed for the love of a lady.

```
              D   A G  D
Chorus 1      Hey-di,  hey-di,

              A         D
              Misery me, lack-a-day-de.

              He sipped no sup and who craved no crumb

                                  A       D
              As he sighed for the love of a lady.

Interlude 1   |D    A    |G    D    |A         |D         |
              |          |          |     A    |D         |

              D
Verse 2       I have a song to sing, O! (What is your song, O?)

                                             A
              It is sung with the ring of the songs maids sing

                  D                  A
              Who loved with a love life long, O.

                  D                    A
              It's a song of a merry maid pearly proud

                  D                    A
              Who loved a Lord and who laughed aloud

                   D                     A
              At the moan of a merry man moping mum

                    D                    A
              Whose soul was sad and his glance was glum.

                  D                      A
              Who sipped no sup and who craved no crumb

                  D                A       D
              As he sighed for the love of a lady.
```

Chorus 2 *Repeat Chorus 1*

Interlude 2 *Repeat Interlude 1*

Verse 3

D
I have a song to sing, O! (Sing me your song, O!)

                                                        A
It is sung through the knell of a church yard bell

         D   A
And a doleful dirge ding-dong, O.

        D   A
It's a song of a popinjay bravely born

        D   A
Who turned up his noble nose with scorn

         D   A
At the humble merry maid pearly proud

        D   A
Who loved a Lord and who laughed aloud

         D   A
At the moan of a merry man moping mum

          D   A
Whose soul was sad and his glance was glum.

        D   A
Who sipped no sup and who craved no crumb

        D   A   D
As he sighed for the love of a lady.

Chorus 3 *Repeat Chorus 1*

Interlude 3 *Repeat Interlude 1*

```
                D
*Verse 4*       I have a song to sing, O!
                          I have a song to sing, O!
                                    I have a song to sing, O!

                               A
                It is sung with a sigh and a tear in the eye
                   D                A
                For it tells of a righted wrong, O!
                   D                    A
                It's a song of a merry maid once so gay
                   D                     A
                Who turned on her heel and tripped away.
                     D                  A
                From the peacock popinjay bravely born
                   D                 A
                Who turned up his noble nose with scorn
                   D                    A
                At the humble heart that he did not prize
                    D                       A
                So she begged on her knees with downcast eyes
                    D                   A
                For the love of a merry man moping mum
                    D                   A
                Whose soul was sad and his glance was glum.
                   D                     A
                Who sipped no sup and who craved no crumb
                   D           A        D
                As he sighed for the love of a lady.
```

Chorus 4

D A G D
Hey-di, hey-di,

A D
Misery me, lack-a-day-de

His pains were o'er and he sighed no more

A D
For he lived in the love of a lady.

A G D
Hey-di, hey-di,

His pains were o'er and he sighed no more

A D
For he lived in the love of a lady.

If I Had a Hammer

(The Hammer Song)

Words and Music by
Lee Hays and Pete Seeger

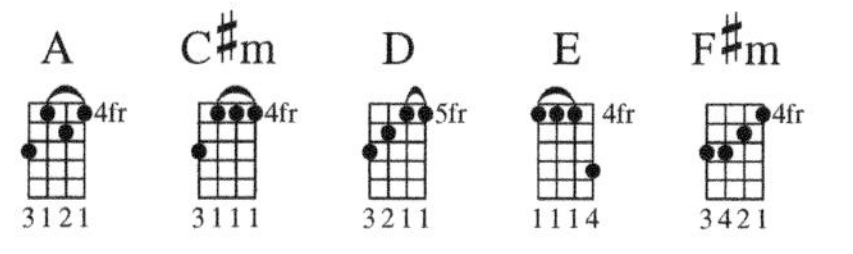

Intro ‖: A C#m | D E :‖

Verse 1

```
A  C#m  D   E        A   C#m  D
                If I had a ham - mer,
    E                   A    C#m  D
I'd a hammer in the morn - ing,
    E                   A  C#m  D
I'd a hammer in the eve -  ning,
               E
All over this land.
                    A                               F#m
I'd a hammer out danger, I'd a hammer out a warning,
                    D      A        D                A
I'd a hammer out love be - tween my brothers and my sisters
D    A  E          A  C#m  D  E
  All ___ over this land.
A  C#m  D
Oo.
```

Verse 2

```
 E      A C#m D
If I had a bell,
 E              A   C#m D
I'd a ring it in the morn - ing,
 E              A C#m D
I'd a ring it in the eve - ning,
           E
All over this land.
            A                     F#m
I'd a ring out danger, I'd a ring out a warning,
            D       A        D              A
I'd a ring out love be - tween my brothers and my sisters
D  A E         A C#m D E
 All ___ over this land.
A C#m D
Oo.
```

Verse 3

```
 E      A C#m D
If I had a song,
    E              A   C#m D
I'd ___ sing it in the morn - ing,
    E              A C#m D
I'd ___ sing it in the eve - ning,
           E
All over this land.
          A                  F#m
I'd sing out danger, I'd sing out a warning,
          D       A        D              A
I'd sing out love be - tween my brothers and my sisters
D  A E         A C#m D E
 All ___ over this land.
A C#m D
Oo.
```

Verse 4

```
             E         A   C#m  D
Well, I ____ got a ham - mer

       E       A  C#m  D
And I got a bell,

       E       A       C#m  D
And I got a song to sing

              E
All over this land.

                       A                          F#m
It's a hammer of justice, it's a bell of freedom,

                       D         A          D                   A
It's a song about love be - tween my brothers and my sisters
D    A  E           A  C#m  D
   All ____ over this land.
       E               A                          F#m
It's a hammer of justice, it's a bell of freedom,

                       D         A          D                   A
It's a song about love be - tween my brothers and my sisters
D    A  E          F#m  E  A
   All ____ over this land.
```

It's Raining

Words and Music by Peter Yarrow,
Paul Stookey and Len Chandler, Jr.

Melody:

It's rain - ing, it's pour - ing,

D G6 D7 G Em7 A7 Dm Am A

D	G6	D7	G	Em7	A7	Dm	Am	A
234	2 3	1 2	132	2314	1	231	2	21

Intro ‖: D G6 | D G6 | D G6 | D G6 :‖

Verse 1

```
   D    G6    D    G6
It's rain - ing, it's pour - ing,
     D    G6    D    G6
The    old man is snor - ing.
D           G6           D        G6
Bumped his head and he    went to bed
        D           G6       D      D7
And he couldn't get up in the morn - ing.
G       D     Em7    D
   Rain, rain,   go a - way,
G           D          A7    D          G6
   Come a - gain some other day. Hey, I got an idea!
         D                        G6
We can all play hide and go seek inside.
     Dm                    Am       Dm  Am
Now everybody hide and I'll be "it."
```

Verse 2

```
Dm   Am  Dm   Am
Star - light, Star - bright,

Dm     Am  Dm      Am
   First star I see to - night,

Dm       Am  Dm       Am
   Wish I may,     wish I might,

A                  A7        D  G6  D  G6
   Have the wish I wish to - night.
```

Verse 3

```
    D        G6      D      G6
It's     rain - ing, it's pour - ing,

     D     G6      D      G6
The     old man is snor - ing.

D            G6            D           G6
Bumped his head and he     went to bed

        D             G6         D       D7
And he couldn't get up in the morn - ing.

G       D     Em7    D
   Rain, rain,    go a - way,

G           D          A7    D
   Come a - gain some other day.

      G6  D      G6      Dm          Am    Dm           Am
(Five, ten, fifteen, twenty, twenty-five, thirty, thirty-five, for - ty.)
```

Verse 4

```
Dm      Am  Dm      Am
   Lady - bug,      lady - bug,

Dm   Am            Dm  Am
   Fly ___ away home.

Dm     Am          Dm  Am
   Your house is on fire

           A        A7         D   G6  D  G6
And your children     they will burn,

           D       G6  D  G6
They will ___ burn.
```

```
              D         G6        D       G6
Verse 5       It's   rain - ing, it's pour - ing,

                D     G6      D      G6
              The   old man is snor - ing.

              D           G6           D          G6
              Bumped his head and he   went to bed

                      D            G6        D       D7
              And he couldn't get up in the morn - ing.

              G       D     Em7    D
                Rain, rain,   go a - way,

              G           D          A7    D           G6   D       G6
                Come a - gain some other day.
                                               (Forty-five, fifty, fifty-five, sixty,

              Dm       Am      Dm         Am
              Sixty-five, seventy, seventy-five, eighty.)


              Dm          Am     Dm    Am
Verse 6       Won't be my father's Jack,

                  Dm           Am       Dm   Am
              No, I won't be my mother's Jill.

              Dm      Am    Dm      Am
                I'll be ___ a fiddler's wife

                 A7             D   G6  D   G6
              And fiddle when I will.


                 D        G6       D       G6
Verse 7       It's   rain - ing, it's pour - ing,

                D     G6      D      G6
              The   old man is snor - ing.

              D           G6           D          G6
              Bumped his head and he   went to bed

                      D            G6        D       D7
              And he couldn't get up in the morn - ing.

              G       D     Em7    D
                Rain, rain,   go a - way,

              G           D          A7    D             G6      D           G6
                Come a - gain some other day.
                                              (Eighty- five, ninety, ninety-five a hundred.)

              D                  G6          D              G6
              Anyone 'round my base is "it". Here I come! Ready or not!

              D G6 D G6 D G6 D
                                    Olee, Olee, in free.
```

Leaving on a Jet Plane

Words and Music by
John Denver

Amaj7 (1333) D6 (1111) D (234) A (21) E (4fr, 1114) E7 (4fr, 1112) F#m (4fr, 3421) Bm (3111) C#m (4fr, 3111)

Amaj7	D6	D
A	E	E7

Intro

Verse 1

Amaj7 D6
All my bags are packed, I'm ready to go,

Amaj7 D6
I'm standing here out - side your door,

Amaj7 F#m E E7
I hate to wake you up to say good - bye.

Amaj7 D6
But the dawn ___ is breaking, it's early morn',

Amaj7 D6
The taxi's waiting, he's blowing his horn,

Amaj7 F#m E
Al - ready I'm so lonesome I could ___ cry.

```
Chorus 1     A          D
             So kiss me and smile for me,

             A                 D
             Tell me that you'll wait for me,

             A                   Bm        E
             Hold me like you'll never let me go.

               A    D
             I'm leaving on a jet plane,

             A                        D/A
               I don't know when I'll be back again.

             A           C#m        D6  E
               Oh, babe, ___ I hate to go.


                       Amaj7          D6
Verse 2      There's so many times I've let you down,

                Amaj7          D6
             So many times I've played around,

               Amaj7           F#m                   E
             I tell you now they ___ don't mean a thing.

                  Amaj7     D6
             Ev'ry place I go I think of you,

                  Amaj7     D6
             Ev'ry song I sing I sing for you,

                   Amaj7          F#m                 E
             When I come back I'll wear your wedding ring.
```

Chorus 2 *Repeat Chorus 1*

```
              Amaj7        D6
Verse 3       Now the time has come to leave you,

              Amaj7      D6
              One more time let me kiss you,

              Amaj7                F#m       E
                Then close your eyes, ___ I'll be on my way.

              Amaj7        D6
              Dream about the days to come

                   Amaj7            D6
              When I won't have to leave ___ alone,

                 Amaj7      F#m        E
              A - bout the time I won't have to say...


              A        D
Chorus 3      Kiss me and smile for me,

              A              D
              Tell me that you'll wait for me,

              A                Bm        E
              Hold me like you'll never let me go.

                 A     D
              I'm leaving on a jet plane,

              A                  D
                I don't know when I'll be back again.

                A     D
              ||: Leaving on a jet plane,

              A                  D
                I don't know when I'll be back again. :||

              A    C#m     D6    E
                Oh, babe, I hate ___ to go.
```

Kisses Sweeter Than Wine

Words by Ronnie Gilbert, Lee Hays,
Fred Hellerman and Pete Seeger
Music by Huddie Ledbetter

Melody:

When I was a young _ man and

Dm C B♭ Am Gm Dsus4 D F

231 3 3211 2 231 123 123 2 1

Intro |**Dm C** |**B♭ Am** |**Gm C** |**Dm** |

Verse 1

Dm C B♭ Am
When I was a young ___ man and never been kiss - ed,

Gm C Dm
I got to thinking o - ver, what I had missed.

C B♭ C
I got me a girl ___ I kissed her and then,

Am Dm
Oh, Lord, I kissed her again.

C Dm Am Dsus4 D
Oh, oh, kisses sweet - er than wine.

Dm Am Dm Am Dsus4 D
Oh, oh, kisses sweet - er than wine.

Verse 2

Dm C B♭ Am
I asked her to marry and be ___ my sweet wife,

Gm C Dm
And we would be so happy the rest of our lives.

C B♭ C
I begged and I pleaded like a natural man

Am Dm
And then oh, Lord, she gave me her hand.

C Dm Am Dsus4 D
Oh, oh, kisses sweet - er than wine.

Dm Am Dm Am Dsus4 D
Oh, oh, kisses sweet - er than wine.

Verse 3

```
 F               C        B♭          Am
I worked mighty hard and so did my wife

           Gm         C     Dm
Working hand - in-hand ___ to make a good life.

   F                  C      B♭           Am
With corn in the field, ___ and wheat in the bins

   Gm           C            Dm
I was   oh, Lord, ___ I was the father of twins.

  C  Dm         Am      Dsus4  D
Oh, oh, kisses sweet - er than wine.

Dm  Am  Dm          Am       Dsus4  D
Oh,  oh,  kisses sweet - er than wine.
```

Verse 4

```
  Dm            C               B♭         Am
Our children they numbered just ___ about four

   Gm    C          Dm
They all had sweethearts knocking at the door.

             C              B♭        Am
They all got married and they didn't hesi - tate.

   Gm    C             Dm
I was   oh, Lord, the grand - mother of eight.

  C  Dm         Am      Dsus4  D
Oh, oh, kisses sweet - er than wine.

Dm  Am  Dm          Am       Dsus4  D
Oh,  oh,  kisses sweet - er than wine.
```

Verse 5

```
F                 C      B♭       Am
Now that we're old ___ and ready to go,

        Gm                C         Dm
We get to thinking what hap - pened a long time ago.

  F       C    B♭          Am
We had a lotta kids, trouble and pain,

        Gm           C       Dm
But then   oh, Lord, ___ we'd do it again.

  C  Dm         Am      Dsus4  D
Oh, oh, kisses sweet - er than wine.

Dm  Am  Dm          Am       Dsus4  D
Oh,  oh,  kisses sweet - er than wine.
```

Lemon Tree

Words and Music by
Will Holt

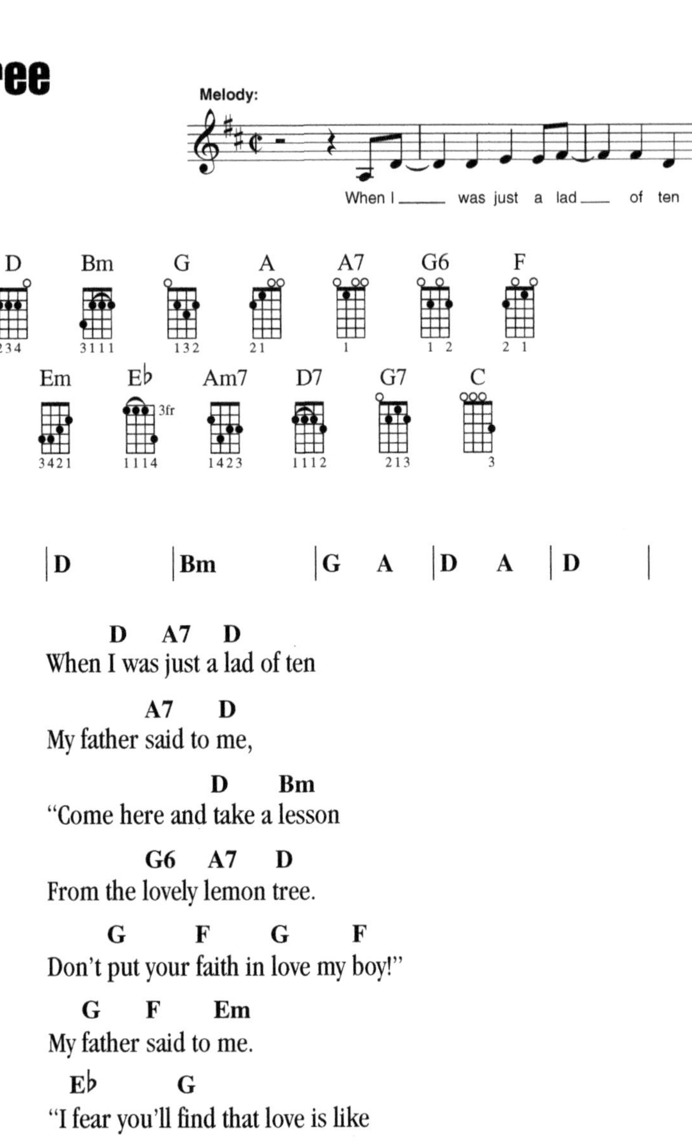

Intro | D | Bm | G A | D A | D |

Verse 1

D A7 D
When I was just a lad of ten

A7 D
My father said to me,

D Bm
"Come here and take a lesson

G6 A7 D
From the lovely lemon tree.

G F G F
Don't put your faith in love my boy!"

G F Em
My father said to me.

E♭ G
"I fear you'll find that love is like

Am7 D7 G7
The lovely lemon tree."

Chorus 1

C G
‖: Lemon tree very pretty and the lemon flower is sweet,

C
But the fruit of the poor lemon is impossible to eat. :‖

Verse 2

A7 D A7 D
One day be - neath the lemon tree
A7 D
My love and I did lie,
A7 Bm
A girl so sweet that when she smiled
G6 A7 D
The stars rose in the sky.
G F G F
We passed that summer lost in love
G F Em
Be - neath the lemon tree.
E♭ G
The music of her laughter
Am7 D7 G7
Hid my father's words from me.

Chorus 2

Repeat Chorus 1

Verse 3

A7 D A7 D
One day she left with - out a word,
A7 D
She took a - way the sun.
A7 Bm
And in the dark she'd left behind,
G6 A7 D
I knew what she had done.
G F G
She'd left me for an - other,
F G F Em
It's a common tale but true.
E♭ G
A sadder man, but wiser now,
Am7 D7 G7
I sing these words to you.

Chorus 3

Repeat Chorus 1

Outro

G C
Lemon tree, lemon tree,
G C
Lemon tree, lemon tree.

Light One Candle

Words and Music by
Peter Yarrow

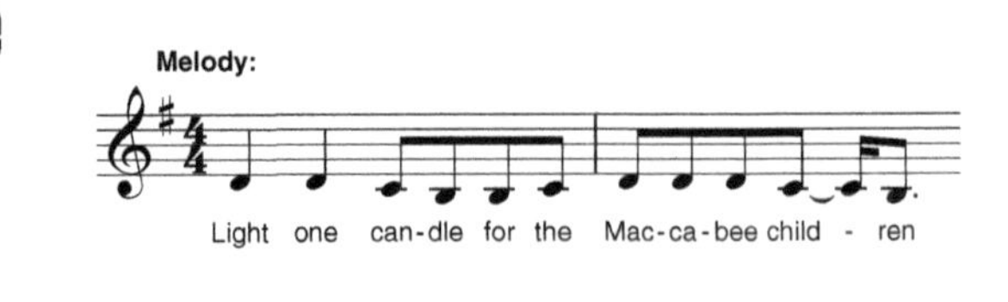

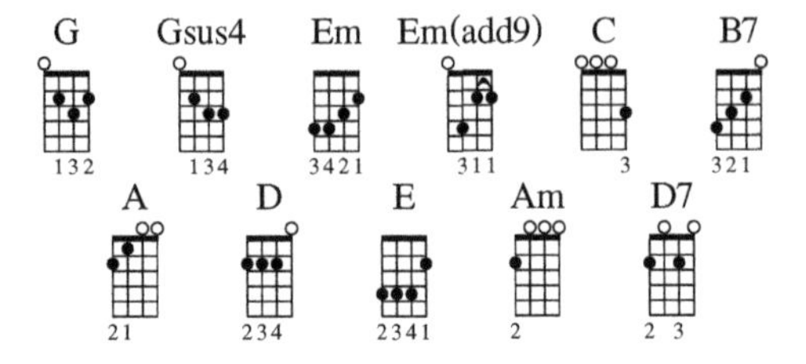

Intro

G Gsus4	G Gsus4	G Gsus4	G Gsus4
Em Em(add9)	Em Em(add9)	G Gsus4	G Gsus4
Em Em(add9)	Em Em(add9)

Verse 1

G
Light one candle for the Maccabee children

Em Em(add9)
With thanks to their light didn't die.

C
Light one candle for the pain they endured

B7
When their right to exist was de - nied.

Em
Light one candle for the terrible sacrifice

C A
Justice and freedom demand.

G Em G Em
Light one candle for the wisdom to know

C D G B7
That the peacemaker's time ___ is at hand.

Chorus 1

```
E              Am
   Don't let the light go out,
   D7                  G   B7
It's lasted for so many years.
E              Am
   Don't let the light go out.
     D7
Let it shine through our love
         G   B7  Em  Em(add9)  Em  Em(add9)
And our tears.
```

Verse 2

```
G
Light one candle for the strength that we need
                           Em
To never become our own foe.
    C
And light one candle for those who are suffering,
                            B7
A pain we learned so long a - go.
Em
Light one candle for all we believe in,
    C                    A
That anger not tear us a - part.
    G       Em       G          Em
And light one candle to bind us to - gether
     C         D          G   B7
With peace as a song in our heart.
```

Chorus 2

```
   E              Am
||:   Don't let the light go out,
   D7                  G   B7
It's lasted for so many years.
E              Am
   Don't let the light go out.
     D7
Let it shine through our love
         G   B7
And our tears.    :||
||: Em  Em(add9)  Em  Em(add9)  :||
```

Verse 3

```
G
What is the mem'ry that's valued so highly
                                      Em
That we keep it alive in that flame?
C
What's the commitment to those who have died?
                                         B7
We cry out, "They've not died in vain."
Em
We have come this far, always believing
      C                               A
That justice will somehow pre - vail.
G             Em        G            Em
This is the burden, this is the promise,
      C            A              G     B7
And this is why we will not     fail.
```

Chorus 3

```
    E                 Am
||: Don't let the light go out,
    D7                    G   B7
It's lasted for so many years.
E                 Am
   Don't let the light go out.
      D7
Let it shine through our love
          G   B7
And our tears.   :||
E                Am
   Don't let the light go out.
E                Am
   Don't let the light go out.
E                                 Am
   Don't let the light go out.
```

The Times They Are A-Changin'

Words and Music by
Bob Dylan

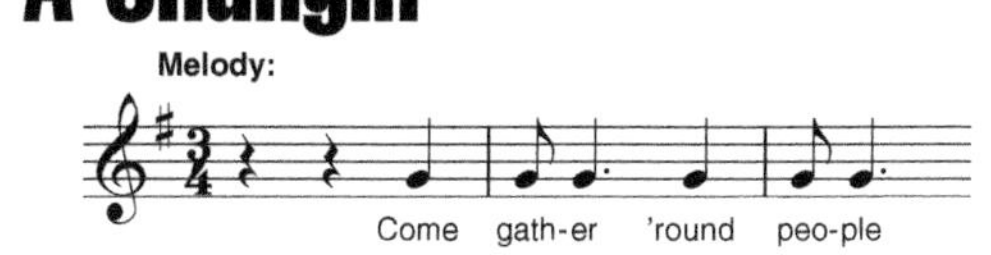

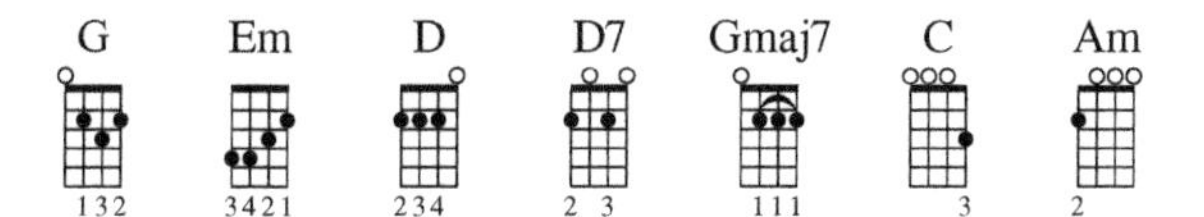

Intro

| G | Em | D |
| D7 | Gmaj7 | D |

Verse 1

```
     G             Em              C       G
Come gather 'round people wher - ever you roam
                  Am        C              D
And admit that the waters a - round you have grown.
       G          Em             C                 G
And ac - cept it that soon you'll be drenched to the bone.
           Am         D
If your time to you is worth savin'
                      D7                 Gmaj7   D
Then you better start swimmin' or you'll sink like a stone,
       G               C       D G
For the times they are a-chang  -  in'.
```

Verse 2

```
       G          Em        C               G
Come writers and critics who prophesize with your pen
                   Am                 C           D
And keep your eyes wide, the chance won't come a - gain.
    G                 Em         C                G
And don't speak too soon for the wheel's still in ___ spin,
                        Am         D
And there's no tellin' who ___ that it's namin'
             D7           Gmaj7 D
For the loser now will be later to  win
        G                C   D G
For the times they are a-chang - in'.
```

Verse 3

```
      G       Em              C               G
Come senators, congressmen please heed the call
                    Am             C            D
Don't stand in the doorway, don't block up the hall.
    G            Em         C          G
For he that gets hurt will be he who has stalled.
                     Am        D
There's a battle out - side and it's ragin'.
                     D7           Gmaj7     D
It'll soon shake your windows and rattle your walls
        G                C   D G Em D D7 Gmaj7 D
For the times they are a-chang - in'.
```

Verse 4

```
        G            Em     C                   G
Come mothers and fathers, throughout the land
                        Am                C            D
And don't criticize ___ if you can't ___ under - stand.
      G              Em                  C                 G
Your sons and your daughters are be - yond your command,
                  Am     D
Your old road is rapidly aging.
                              D7               Gmaj7         D
Please get out of the new ___ one if you can't lend your hand
         G                 C     D G
For the times they are a-chang  -  in'.
```

Verse 5

```
     G        Em          C          G
The line it is drawn, the curse it is cast,
                Am       C       D
The slow one now will later be fast.
       G       Em       C       G
As the present now will later be past,
               Am     D
The order is rapidly fading.
                      D7        Gmaj7     D
And the first one now will later be last
        G                  C     D G
For the times they are a-chang  -  in'.
```

The Marvelous Toy

Words and Music by
Tom Paxton

Melody:

When I was just a wee lit-tle lad,

D A G E Em A7

234 21 132 2341 3421 1

Intro

D			A
D	A	G	D
E	A

Verse 1

```
       D            A
When I was just a wee little lad,
D               A
Full of health and joy,
    G                D
My father homeward came one night
    E           A
And gave to me a toy.
   D               A
A wonder to be - hold it was,
     D             G
With many colors bright,
                                 D
And the moment I laid eyes on it,
      E                     A
It be - came my heart's de - light.
```

Chorus 1

```
         D
It went "zip" when he moved,

      A
And "bop" when it stopped,

      D                    G
And "whirr" when it stood still.

                  D
I never knew just what it was

      A         D
And I guess I never will.
```

Verse 2

```
    D            A
The first time that I picked it up,

D              A
I had a big surprise,

       G                        D
'Cause right on the bottom were two big buttons

     E                  A
That looked like big green eyes.

 D                  A
I first pushed one and then the other,

D              G
Then I twisted its lid,

                D
And when I set it down again,

E            A
Here is what it did:
```

Chorus 2 *Repeat Chorus 1*

```
             D                            A
Verse 3      It first marched left and then marched right

             D                            A
             Then marched under a chair,

                G                         D
             And when I looked where it had gone,

              E           A
             It wasn't even there!

              D                        A
             I started to cry but my daddy laughed,

                         D                 G
             'Cause he knew that I would find

                                          D
             When I turned around my marvelous toy

                         E                 A
             Would be chugging from be - hind.
```

Chorus 3 *Repeat Chorus 1*

Interlude

G	D	Em	D
A		D	

Verse 4

D A7
The years have gone by too quickly, it seems,

D A7
I ___ have my own little boy.

G D
And yesterday I gave ___ to him

E A
My marvelous little toy.

D A7
His eyes nearly popped right out of his head,

D G
And he gave a squeal of glee.

D
Well, neither of us knows just what it is,

E A
But he loves it, just like me.

Chorus 4

D
It still goes "zip" when it moves,

A
And "bop" when it stops,

D G
And "whirr" when it stands still.

D
I never knew just what it was

A7 D
And I guess I never will.

Mockingbird

Traditional
Arranged by Peter Yarrow,
Mary Travers and Elizabeth Stookey

Melody:
Hush lit - tle ba - by, don't say a word,

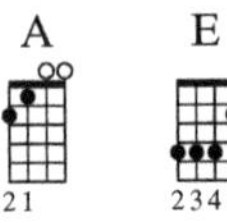
A
E
21
2341

Intro | A | E | | A |

Verse 1

A E
Hush little baby, don't say a word,

A
Papa's gonna buy you a mockingbird.

E
If that mockingbird ___ don't sing

A
Papa's gonna buy you a diamond ring.

```
              A                    E
Verse 2       If that diamond ring ___ turns brass
                                      A
              Papa's gonna buy you a looking glass.
                                   E
              If that looking glass ___ gets broke
                                      A
              Papa's gonna buy you a billy goat.

              A                E
Verse 3       If that billy goat ___ don't pull
                                      A
              Papa's gonna buy you a cart and bull.
                             E
              If that cart and bull turns over
                                      A
              Papa's gonna buy you a doggie named Rover.

              A                    E
Verse 4       If that dog named Ro - ver don't bark
                                      A
              Papa's gonna buy you a horse and cart.
                               E
              If that horse and cart fall down
                                                  A
              You'll still be the sweetest little baby in town.
```

Puff the Magic Dragon

Words and Music by Lenny Lipton
and Peter Yarrow

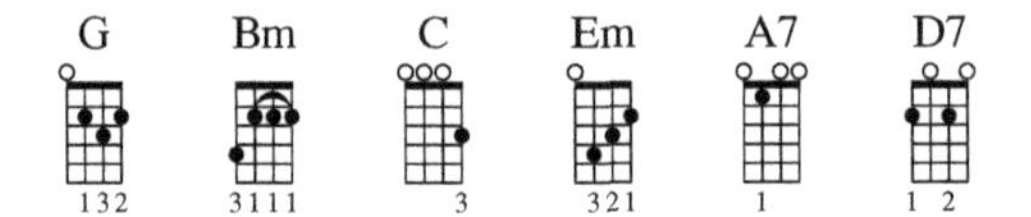

Verse 1

```
G              Bm
Puff the magic dragon
C          G
Lived by the sea
   C                  G        Em
And frolicked in the autumn mist
   A7                D7
In a land called Hona - lee.
G           Bm
Little Jackie Paper
C                 G
Loved that rascal Puff
   C                            G       Em
And brought him strings and sealing wax
   A7   D7    G    D7
And other fancy stuff. Oh!
```

Chorus 1

```
G       Bm
Puff the magic dragon
C         G
Lived by the sea
    C           G     Em
And frolicked in the autumn mist
    A7            D7
In a land called Hona - lee.
G         Bm
Puff the magic dragon
C         G
Lived by the sea
    C           G     Em
And frolicked in the autumn mist
    A7       D7    G   D7
In a land called Hona - lee.
```

Verse 2

```
    G             Bm
To - gether they would travel
    C             G
On a boat with billowed sail.
C         G     Em
Jackie kept a lookout perched
   A7        D7
On Puff's gigantic tail.
G          Bm
Noble kings and princes
      C             G
Would bow when e'er they came.
C             G       Em
Pirate ships would low'r their flags
     A7       D7    G    D7
When Puff roared out his name. Oh!
```

Chorus 2

Repeat Chorus 1

Verse 3

```
  G                  Bm
A dragon lives for - ever,

   C           G
But not so little boys.

C                   G    Em
Painted wings and giant rings

     A7              D7
Make way for other toys.

G                  Bm
One gray night it happened,

C                      G
Jackie Paper came no more,

   C                   G     Em
And Puff that mighty drag - on,

  A7          D7     G
He ceased his fearless roar.
```

Verse 4

```
   G                   Bm
His head was bent in sorrow,

      C              G
Green tears fell like rain.

C              G       Em
Puff no longer went to play

  A7                D7
A - long the Cherry Lane.

      G                 Bm
With - out his lifelong friend,

C                 G
Puff could not be brave,

  C                G     Em
So Puff that mighty drag - on

     A7          D7     G    D7
Sadly slipped in - to his cave. Oh!
```

Chorus 3 — *Repeat Chorus 1*

Verse 5

```
G               Bm
Puff the magic dragon
C                           G
Danced down the Cherry Lane.
    C             G   Em
He came upon a little girl,
     A7               D7
Julie Maple was her name.
       G                    Bm
She'd heard that Puff had gone away,
    C               G
But that can never be,
       C                 G    Em
So to - gether they went sail - ing
       A7          D7     G
To the land called Hona - lee.
```

Chorus 4 — *Repeat Chorus 1*

Stewball

Words and Music by Ralph Rinzler,
Robert Yellin and John Herald

Melody:

Oh, Stew-ball was a race - horse

G Am D C Em

Intro

G			
Am			
	D		
G	C	D

Verse 1

```
   G                             Em         Am
Oh, Stewball was a racehorse and I wish he were mine.
                 D                     G  C
He never drank water, he always drank wine.
D     G                 Em          Am
   His bridle was silver, his mane, it was gold,
                     D                     G  C
And the worth of his saddle has never been told.
```

Verse 2

```
D        G                              Em          Am
   Oh, the fairgrounds were crowded and Stewball was there
                      D                          G   C
But, the betting was heavy on the bay and the mare.
D        G                Em          Am
   And a way out yonder a - head of them all
                         D                         G  C
Came a prancin' and a dancin' my noble Stew - ball.
```

Verse 3

```
D  G                       Em        Am
   I bet on the grey mare, I bet on the bay
                   D                               G  C
If I'd of bet on ol' Stewball I'd be a free man to - day.
D        G                                Em        Am
   Oh, the hoot owl she hollered, and the turtledove moaned,
                   D                          G    C
I'm a poor boy in trouble, I'm a long way from home.
```

Outro

```
D    G                                  Em          Am
   Oh, Stewball was a racehorse, and I wish he were mine.
                 D                     G   C G
He never drank water he always drank wine.
```

This Land Is Your Land

Words and Music by
Woody Guthrie

Melody:

A D E A7

21 234 2341 1

Intro | A | |

Chorus 1

```
A  N.C.          D                   A
     This land is your land, this land is my land
              E                     A
From Cali - fornia to the New York island.
A7                     D                        A
   From the redwood forest to the Gulf Stream waters,
E                                   A
   This land was made for you and me.
```

Verse 1

```
A7                   D                         A
   I've roamed and rambled and I followed my footsteps
                          E                 A
To the sparkling sands of her diamond deserts.
A7             D                    A
   And all a - round me, a voice was singing,
E                                   A
   This land was made for you and me.
```

Chorus 2

```
A7            D                         A
   This land is your land, this land is my land

            E                        A
From Cali - fornia to the New York island.

A7                      D                         A
   From the redwood forest to the Gulf Stream waters,

E                                    A
   This land was made for you and me.
```

Verse 2

```
A7        D                         A
   As I went walking that ribbon of highway,

         E                    A
I saw a - bove me that endless skyway,

           D                  A
I saw be - low me those golden valleys,

E                                    A
   This land was made for you and me.
```

Chorus 3

Repeat Chorus 2

Verse 3

```
A7                D                   A
   As the sun was shining, and I was strolling,

                         E                              A
And the wheat fields waving, and the dust clouds rolling,

                D                   A
As the fog was lifting a voice was saying,

E                                    A
   "This land was made for you and me."
```

Chorus 4

```
A7            D                         A
   This land is your land, this land is my land

            E                        A
From Cali - fornia to the New York island.

A7                      D                         A
   From the redwood forest to the Gulf Stream waters,

E                                    A
   This land was made for you and me.

E                                    A
   This land was made for you and me.
```

This Train

Words and Music by
Peter Yarrow and Paul Stookey

Melody:

This train don't car - ry no gam - b - lers, _

Am D Em C E7 A7 Dm F

2 234 3421 3 12 3 1 231 2 1

Intro

| Am | D Em | Am | D Em |
|: Am | D | Am | :|
Ooh.

Verse 1

Am D Am
This train don't carry no gamblers, this train.
C E7
This train don't carry no gamblers, this train.
Am A7
This train don't carry no gamblers,
Dm F
No crap shooters, no midnight ramblers,
Am F E7 Am
This train don't carry no gamblers, this train.

Verse 2

Am D Am
This train don't carry no jokers, well, this train.

C E7
This train don't carry no jokers, well, this train.

Am A7
This train don't carry no jokers,

Dm N.C.
No high toned women, no cigar smokers,

Am F E7 Am
Well, this train don't carry no jokers, well this train.

Verse 3

Am D Am
This train done carried my mother, well, this train.

C E7
This train done carried my mother, well, this train.

Am A7
This train done carried my mother,

Dm F
My mother, my father, my sister and my brother,

Am F E7 Am
This train done carried my mother, well, this train.

Verse 4

Am D Am
This train, she's bound for glory, well, this train.

D Am
This train, she's bound for glory, well, this train.

D Am
This train, she's bound for glory, well, this train.

C E7
This train, she's bound for glory, well, this train.

Am A7
This train, she's bound for glory,

Dm F
If you wanna get to heaven well, you've got to be holy.

Am F E7 Am
This train, she's bound for glory, well, this train.

We Shall Overcome

Musical and Lyrical Adaptation by Zilphia Horton,
Frank Hamilton, Guy Carawan and Pete Seeger
Inspired by African American Gospel Singing,
members of the Food and Tobacco Workers Union,
Charleston, SC, and the southern Civil Rights Movement

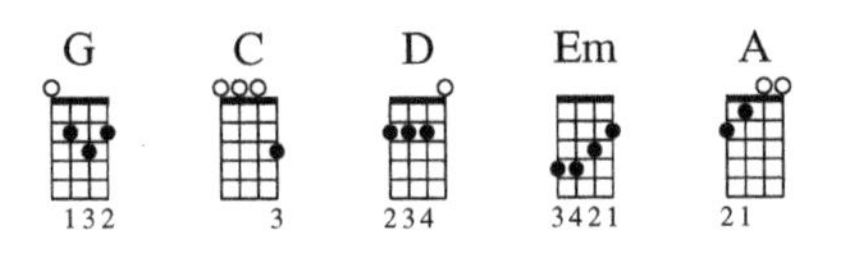

Intro | G | |

Verse 1

G C G
We shall over - come.

C G
We shall over - come.

D Em A D
We shall over - come some - day.

Whoa.

Chorus 1

C G
Deep in my heart,

C D Em
I do be - lieve

G C G
We shall o - ver - come

D G
Some - day.

```
                 G        C     G
Verse 2          We shall all be free.

                          C     G
                 We shall all be free.

                          D      Em A      D
                 We shall all be free some - day.

                 Whoa.
```

Chorus 2 *Repeat Chorus 1*

```
                 G        C     G
Verse 3          We shall live in peace.

                          C     G
                 We shall live in peace.

                          D      Em   A       D
                 We shall live in peace some - day.

                 Whoa.
```

Chorus 3 *Repeat Chorus 1*

Verse 4 *Repeat Verse 1 (Hummed melody sung a cappella)*

Chorus 4 *Repeat Chorus 1*

Weave Me the Sunshine

Words and Music by
Peter Yarrow

Melody:

Weave, weave, weave me the sun - shine

Dm6 G C Am F D E7 D7 G7

2314 132 3 2 2 1 234 12 3 2 3 213

Chorus 1

```
    Dm6   G       C               Am
||: Weave, weave, weave me the sunshine
F           G      C    Am
Out of the falling rain.
Dm6            G          C        Am
Weave me the hope of a new to - morrow
     D               G
And fill my cup again. :||  Play 3 times
```

Verse 1

```
              Am                             E7
Well, I've seen the steel and the con - crete crumble
F               G             C
   Shine on ___ me again.
     Am                          D7
The proud and the mighty all have stumbled,
G7
   Shine on me again, now.
```

Chorus 2

```
    Dm6   G       C               Am
||: Weave, weave, weave me the sunshine
F           G      C    Am
Out of the falling rain.
Dm6            G          C        Am
Weave me the hope of a new to - morrow
     D               G
And fill my cup again. :||
```

```
                    Am              E7
Verse 2               They say that the tree of love

                        F        G      C
                    Will shine on me again.

                    Am                       D7
                    Grows on the bank of the river of suffering,

                    G7
                    Shine on me again.
```

Chorus 3 — *Repeat Chorus 2*

```
                      Am           E7
Verse 3             If only I could heal your sorrow.

                    F        G          C
                       Shine on me again.

                       Am                     D7
                    I'd help to you find your new tomorrow.

                    G7
                       Shine on me again, now.
```

Chorus 4 — *Repeat Chorus 2*

Verse 4 — *Repeat Verse 1*

Chorus 5 — *Repeat Chorus 2*

```
                    Am           E7
Verse 5             Only you can find that mountain,

                    F        G          C
                       Shine on me again.

                          Am                     D7
                    If you want to drink at the golden fountain

                    G7
                       Shine on me again.
```

Outro-Chorus — *Repeat Chorus 2 and fade*

Wedding Song
(There Is Love)

Words and Music by
Paul Stookey

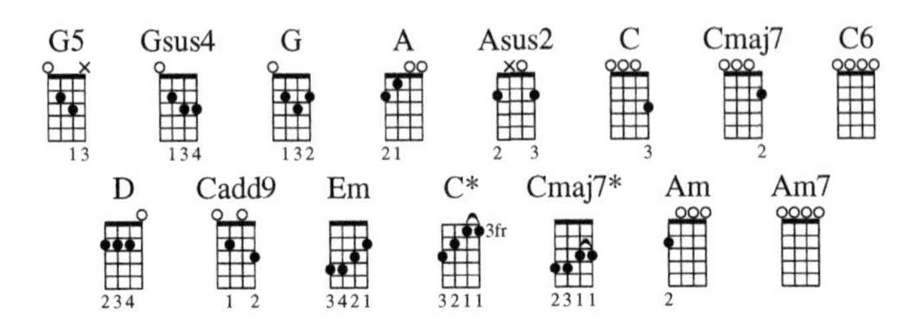

Intro

G5			
Gsus4	G	A Asus2	
C Cmaj7 C6	C	G5 Gsus4 G	Gsus4

Verse 1

```
          G5                            D
He is now to be among you at the calling of your hearts.
Cadd9                                   G5
Rest assured, this troubadour is acting on His part.
                     D              Cadd9           G5
The union of your spirits here has caused Him to remain,
              Em          G5                D
For when - ever two or more of you are gathered in His name
             Cadd9          G5       Gsus4  G  A  Asus2
There is love, there is ___ love.
|C Cmaj7 C6 | C     | G5 Gsus4 G |
```

Verse 2

Gsus4 G5 D Cadd9 G5
Well, a man shall leave his mother, and a woman leave her home.

Em G5 D
They shall travel on to where the two shall be as one.

G5 D Cadd9 G5
As it was in the be - ginning, is now until the end.

Em G5 D
Woman draws her life ___ from man and gives it back again,

Cadd9 G5 Gsus4 G A Asus2
And there is love, there is ___ love.

| C Cmaj7 C6 | C | G5 Gsus4 G |

Bridge

C* Cmaj7* Am
Well, then what's to be ___ the rea - son

Am7 D G
For be - coming man and wife?

Gsus4 C* Cmaj7* Am
Is it love that brings you here,

Am7 D G
Or love that brings you life?

Verse 3

Gsus4 G5 D Cadd9 G5
For if loving is the an - swer, then who's the giving for?

Em G5 D
Do you believe in some - thing that you've never seen before?

Cadd9 G5 Gsus4 G A Asus2
Oh, there's love, oh, there's love.

| C Cmaj7 C6 | C | G5 Gsus4 G | Gsus4 |

Interlude

| G5 Gsus4 | G | D | |
| Em | G5 | D | |

Verse 4

G5 D Cadd9 G5
Oh, the marraige of your spirits here has caused Him to remain,

Em G5 D
For when - ever two or more of you are gathered in His name

Cadd9 G5 Gsus4 G A Asus2
There is love, ah, there's ___ love.

| C Cmaj7 C6 | C | G5 Gsus4 G | ||

Where Have All the Flowers Gone?

Words and Music by
Pete Seeger

Melody:

Where have all the flow - ers gone? __

G Em C D Am

132 3421 3 234 2

Intro | G Em | G Em |

```
          G                    Em         C          D
Verse 1   Where have all the flowers gone?   Long time passing.
          G                    Em          Am            D
          Where have all the flowers gone? ___ Long time a - go.
          G                    Em         C                             D
          Where have all the flowers gone?   Young girls have picked them, ev'ry one.
          C              G              C              D       G     Em
          Oh, when will they ever learn?   Oh, when will they ever learn?

          G                    Em              C          D
Verse 2   Where have all the young girls gone?   Long time passing.
          G                    Em               Am            D
          Where have all the young girls gone? ___ Long time a - go.
          G                    Em              C                        D
          Where have all the young girls gone?   Gone for husbands, ev'ry one.
          C              G              C              D       G     Em
          Oh, when will they ever learn?   Oh, when will they ever learn?
```

```
            G                 Em          C          D
Verse 3       Where have all the husbands gone?   Long time passing.

            G                 Em          Am         D
              Where have all the husbands gone? ___ Long time a - go.

            G                 Em          C                D
              Where have all the husbands gone?   Gone for soldiers, ev'ry one.

            C             G            C            D       G      Em
              Oh, when will they ever learn?   Oh, when will they ever learn?


            G                 Em         C          D
Verse 4       Where have all the soldiers gone?   Long time passing.

            G                 Em         Am        D
              Where have all the soldiers gone? Long time a - go.

            G                 Em         C                 D
              Where have all the soldiers gone?   Gone to graveyards, ev'ry one.

            C             G            C            D       G
              Oh, when will they ever learn?   Oh, when will they ever learn?


            G                 Em           C          D
Verse 5       Where have all the graveyards gone?   Long time passing.

            G                 Em           Am         D
              Where have all the graveyards gone? ___ Long time a - go.

            G                 Em           C                D
              Where have all the graveyards gone?   Gone to flowers, ev'ry one.

            C             G            C            D       G      Em
              Oh, when will they ever learn?   Oh, when will they ever learn?
```

Verse 6 ***Repeat Verse 1***

Outro **G**

Ukulele Chord Songbooks

This series features convenient 6" x 9" books with complete lyrics and chord symbol for dozens of great songs. Each song also includes chord grids at the top of every page and the first notes of the melody for easy reference.

ACOUSTIC ROCK
00702482... $15.99

THE BEATLES
00703065... $19.99

BEST SONGS EVER
00117050... $16.99

CHILDREN'S SONGS
00702473... $14.99

CHRISTMAS CAROLS
00702474... $14.99

CHRISTMAS SONGS
00101776... $14.99

FOUR CHORD SONGS
00249573... $14.99

150 OF THE MOST BEAUTIFUL SONGS EVER
00117051... $24.9

PETER, PAUL & MARY
00121822... $12.9

THREE CHORD SONGS
00702483... $14.9

TOP HITS
00115929... $14.9

HAL•LEONARD®
WWW.HALLEONARD.COM

031
11

Learn to play the

Ukulele

with these great Hal Leonard books

Hal Leonard Ukulele Method

Book 1

by Lil' Rev

The *Hal Leonard Ukulele Method* is designed for anyone just learning to play ukulele. This comprehensive and easy-to-use beginner's guide by acclaimed performer and uke master Lil' Rev includes many fun songs of different styles to learn and play. The accompanying audio contains 46 tracks of songs for demonstration and play along. Includes: types of ukuleles, tuning, music reading, melody playing, chords, strumming, scales, tremolo, music notation and tablature, a variety of music styles, ukulele history and much more.

00695847 Book Only $6.99
00695832 Book/Online Audio $10.99
00320534 DVD $14.99

Book 2

00695948 Book Only $6.99
00695949 Book/Online Audio $10.99

Ukulele Chord Finder

00695803 9" x 12" $7.99
00695902 6" x 9" $6.99
00696472 Book 1 with Online Audio + Chord Finder $19.99

Ukulele Scale Finder

00696378 9" x 12" $6.99

Easy Songs for Ukulele

00695904 Book/Online Audio $14.99
00695905 Book $7.99

Ukulele for Kids

00696468 Book/Online Audio $12.99
00244855 Method & Songbook $19.99

Baritone Ukulele Method – Book 1

00696564 Book/Online Audio $10.99

Jake Shimabukuro Teaches Ukulele Lessons

Learn notes, chords, songs, and playing techniques from the master of modern ukulele! In this unique book with online video, Jake Shimabukuro will get you started on playing the ukulele. The book includes full transcriptions of every example, the video features Jake teaching you everything you need to know plus video of Jake playing all the examples.

00320992 Book/Online Video $19.99

Fretboard Roadmaps – Ukulele

The Essential Patterns That All the Pros Know and Use

by Fred Sokolow & Jim Beloff

Take your uke playing to the next level! Tunes and exercises in standard notation and tab illustrate each technique. Absolute beginners can follow the diagrams and instruction step-by-step, while intermediate and advanced players can use the chapters non-sequentially to increase their understanding of the ukulele. The audio includes 59 demo and play-along tracks.

00695901 Book/CD Pack $14.99

Play Ukulele Today!

A Complete Guide to the Basics

by Barrett Tagliarino

This is the ultimate self-teaching method for ukulele! Includes a audio with full demo tracks and over 60 great songs. You'll learn: care for the instrument; how to produce sound; reading music notation and rhythms; and more.

00699638 Book/Online Audio $9.99
00293927 Book 1 & 2/Online Media $19.99

Ukulele Aerobics

For All Levels, from Beginner to Advanced

by Chad Johnson

This package provides practice material for ev day of the week and includes an online audio acc code for all the workouts in the book. Techniq covered include: strumming, fingerstyle, slic bending, damping, vibrato, tremolo and more.

00102162 Book/Online Audio $19

All About Ukulele

A Fun and Simple Guide to Playing Ukulele

by Chad Johnson

If you wish there was a fun and engaging way motivate you in your uke playing quest, then thi it: All About Ukulele is for you. Whether it's learn to read music, playing in a band, finding the ri instrument, or all of the above, this enjoyable guide will help you.

00233655 Book/Online Audio $19

Prices, contents and availability subject to change without notice. Prices listed in U.S. funds.